古典文獻研究輯刊

八　編

潘美月・杜潔祥　主編

第 16 冊

宋以前《孔子家語》流傳考述（上）

林保全 著

國家圖書館出版品預行編目資料

宋以前《孔子家語》流傳考述（上）／林保全 著 — 初版 — 台
北縣永和市：花木蘭文化出版社，2009〔民98〕

目 10+146 面；19×26 公分
（古典文獻研究輯刊 八編；第 16 冊）

ISBN：978-986-6528-43-9（精裝）
1. 孔子家語　2. 研究考訂
121.2　　　　　　　　　　　　　　　　　　98000084

ISBN - 978-986-6528-43-9

古典文獻研究輯刊
八　編　第十六冊　　　　　　　ISBN：978-986-6528-43-9

宋以前《孔子家語》流傳考述（上）

作　　　者　林保全
主　　　編　潘美月　杜潔祥
總 編 輯　杜潔祥
企劃出版　北京大學文化資源研究中心
出　　　版　花木蘭文化出版社
發 行 所　花木蘭文化出版社
發 行 人　高小娟
聯絡地址　台北縣永和市中正路五九五號七樓之三
　　　　　電話：02-2923-1455／傳眞：02-2923-1452
網　　　址　http://www.huamulan.tw 信箱 sut81518@ms59.hinet.net
印　　　刷　普羅文化出版廣告事業
初　　　版　2009 年 3 月
定　　　價　八編 20 冊（精裝）新台幣 31,000 元　　　版權所有·請勿翻印

宋以前《孔子家語》流傳考述（上）

林保全　著

作者簡介

林保全，臺灣屏東市人，1980 年生。國立暨南國際大學中文系、歷史系雙主修畢業，國立臺灣師範大學國文學系碩士班畢業，現就讀於國立臺灣大學中國文學系博士班，並於國立新竹教育大學語文學系擔任兼任講師。撰有〈「經世思想」與「地志知識」融入詩歌典故的巧妙技法 —— 顧炎武〈十九年元旦〉詩解析〉、〈〈坊記〉、〈七十二弟子解〉稱引《論語》書題再議〉、〈王肅序《孔子家語》相關問題考辨 —— 以王氏獲得《家語》之時間及來源為核心〉等數篇期刊論文。

提　要

　　本論文以《孔子家語》為研究對象，旨在考察其成書過程、流傳情形、偽書說之形成，及其不同時代所展現出之學術價值與文化意義。綜觀《家語》一書之流傳史，實可劃分為「先秦兩漢時期」、「魏晉南北朝至兩宋時期」、「元明清時期」三大階段：

　　就第一階段先秦兩漢時期而言，無論是《家語》之編成過程為何，抑或以何種形式流傳等相關課題，皆尚未明朗，亟待學者加以深入研究，並進行重建。

　　而第二階段魏晉南北朝至兩宋時期，《家語》之流傳情形，已稍具梗概。大致而言，此階段《家語》流傳之最大特色，在於王肅注本之獨傳，以及偽書說之逐漸成形。再者，此階段之不同時期，對於《家語》一書之學術價值與文化意義，亦往往呈現出不同風貌。

　　至於第三階段元明清時期，由於存留之史料極多，故其流傳情形，又較前一時期明朗。總括言之，此階段《家語》流傳之最大特色，在於王肅注本流傳之外，尚有其他《家語》注本、節本、點評本，與專門性研究著作蓬勃出現，可視為《家語》研究形成與發展之重要階段。此外，此階段之不同時期，對於前一階段所形成之偽書說，其接受程度亦不一致，遂使《家語》於此階段之不同時期，其學術價值與文化意義，具有顯著之差異性存在。

　　本論文主要擷取《家語》流傳史上之第一、第二階段，作為核心架構並進行研究與論述。以第一階段之流傳史研究而言，主要目的在於建構《家語》一書，於秦漢之際的編成過程與流傳情形為何，並藉由《家語‧後序》中，所提及之相關敘述，並配合上海博物館藏戰國楚竹書二《民之父母》、河北定縣八角廊《儒家者言》漢簡、安徽阜陽雙古堆《儒家者言》漢簡等出土文獻，重建《家語》於兩漢之際，其編成之過程與流傳情形。

　　第二階段之流傳史研究，則以魏王肅自孔子廿二世孫孔猛處，取得《家語》一書為起點，考論王肅取得《家語》之過程為何、時人如何看待《家語》一書，以及王肅如何在經學議題上，加以利用此書以攻駁鄭學。其次，亦針對《家語》偽書說之形成過程，分為魏晉南北朝時期、隋唐時期、兩宋時期三個斷代，加以考述。

目次

第一章 《家語》研究文獻回顧

第一節 《家語》研究文獻回顧之必要性

　　截至 2007 年 12 月底為止，《家語》相關研究之文獻回顧，惟有張岩（1954～）〈《孔子家語》研究綜述〉一文。[註1] 若就此文之內容略作整理，可約略歸結出張氏之回顧面向，大致有以下六項要點：

　　第一，當代學者對《家語》之關注與重新審視，需自 1978 年以後。此乃由於 1973 年河北定縣八角廊 40 號漢墓出土之《儒家者言》，與 1977 年安徽阜陽雙古堆 1 號漢墓出土之《儒家者言》兩種簡報，分別遲至 1981、1978 年才對外發表，因此結合《家語》與出土文獻作相關研究者，直至 1981 年以後才有大量之研究成果出現。

　　第二，以出土簡牘切入研究《家語》之真偽與成書問題。文中列舉李學勤（1933～）〈竹簡《家語》與漢魏孔氏家學〉、〈新發現簡帛與漢初學術的若

〔註1〕 張岩：〈《孔子家語》研究綜述〉，《孔子研究》2004 年，第 4 期，頁 112～114。
　　　　另外，目前以《家語》為題而撰寫碩博士論文者有：姜贊洙《孔子家語》研究、孫海輝《孔子與老子關係——以《孔子家語》為中心》、劉萍《孔子家語》與孔子弟子研究——以〈弟子行〉和〈七十二弟子解〉為中心、王政之《王肅《孔子家語》注研究》、化濤《清代《孔子家語》研究綜述》等，亦未有專門章節針對文獻作回顧者，至於張岩《孔子家語》之〈子路初見〉篇、〈論禮〉篇研究》內有一節論述《家語》研究概況，然與上文《孔子家語》研究綜述〉一篇略同。又如張濤〈關於《孔子家語》的一點認識〉、項永琴《孔子家語注釋》出版〉等文，雖非專門性之研究回顧，但內容有助於《家語》研究者參考。

干問題〉、〈八角廊漢簡儒書小議〉、胡平生（1945～）〈阜陽雙古堆漢簡與《孔子家語》〉與朱淵清〈阜陽雙古堆 1 號木牘箚記二則〉數篇論文舉證，並對上述各篇論文之研究成果，作一簡要說明。〔註 2〕

　　第三，以研究王肅（195～256）爲主因而涉及《家語》之相關研究。文中列舉李振興（1935～）《王肅之經學》、王志平《中國學術史・三國兩晉南北朝卷》、郝紅《王肅經學研究》諸書，與王承略（1966～）〈論《孔子家語》的眞僞及其文獻價值〉等論文爲例略作介紹與說明。〔註 3〕

　　第四，針對《家語》一書中之某卷或某篇進行研究。文中列舉王志平〈孔子家語札記〉、楊朝明（1962～）《儒家文獻與早期儒學研究》兩人研究爲主要代表，並指出兩人之研究核心，又往往圍繞在《家語》眞僞問題之考辨。〔註 4〕

　　第五，針對《家語》進行全面整理、研究與注釋。文中主要分兩方面介紹，一方面列舉新整理（如點校）或影印《家語》古刻本者，前者如舉《孔子——周秦漢晉文獻集》一書中所收錄《家語》節文之點校本、萬友文庫點校本爲例，後者如舉孔子文化大全影印本之《家語》爲例。另一方面則又指出，以注釋《家語》之成果而言，則有劉樂賢（1964～）、張濤、王德明等人之注釋本問世，供研究者參考。〔註 5〕

　　第六，元明清之學者於研究《家語》時，以成書過程及眞僞考辨爲主。

〔註 2〕 參見李學勤：〈竹簡《家語》與漢魏孔氏家學〉、〈八角廊漢簡儒書小議〉，收入李學勤：《簡帛佚籍與學術史》（南昌：江西教育出版社，2004 年），頁 380～387；388～397。胡平生：〈阜陽雙古堆漢簡與《孔子家語》〉，《國學研究》2000 年 7 月，第 7 卷，頁 515～546。朱淵清〈阜陽雙古堆 1 號木簡記二則〉，《齊魯學刊》2002 年，第 4 期總第 169 期，頁 17～21。

〔註 3〕 參見李振興：《王肅之經學》（臺北：國立政治大學中國文學系博士論文，1976 年）。王志平：《中國學術史・三國兩晉南北朝卷》（南昌：江西教育出版社，2001 年）。王承略：〈論《孔子家語》的眞僞及其文獻價值〉，《煙臺師範學院學報》（哲學社會科學版）2001 年 3 月，第 18 卷第 3 期，頁 14～18。

〔註 4〕 參見王志平：〈孔子家語札記〉，收入王元化（1920～）主編：《學術集林》（上海：上海遠東出版社，1996 年），第 9 卷，頁 119～131。楊朝明：《儒家文獻與早期儒學研究》（濟南：齊魯書社，2002 年）。

〔註 5〕 上引諸書參見姜義華、張榮華、吳根梁編：《孔子：周秦漢晉文獻集》（上海：復旦大學出版社，1990 年）。〔魏〕王肅注：《孔子家語》（"Confucius sayings collected form his family"）（濟南：山東友誼出版社，1989 年）。廖名春（1956～）、鄒新明點校：《孔子家語》（瀋陽：遼寧教育出版社，1997 年，新世紀萬有文庫叢書）。劉樂賢編：《孔子家語》（北京：北京燕山，1995 年）。張濤：《孔子家語注譯》（西安：三秦出版社，1998 年）。王德明編：《孔子家語譯注》（桂林：廣西師範大學出版社，1998 年）。

文中指出元、明二代之學者，與清代研究《家語》之學者，於上述兩大問題之研究方法上，有極明顯之差異。元、明學者主要以作注方式進行，而清代學者則主要以對勘方式進行。所謂對勘者，即將《家語》一書與先秦兩漢典籍重出之部分，一一梳理清晰，並在此基礎上進而論定其真偽為何。

張岩於此文所指出之研究要點，確有重要之參考價值，但基於以下三點，致使此文在研究回顧上，仍有繼續開拓之空間：

第一，在敘述篇幅與方法上，以扼要方式敘述於簡短之篇幅中，尚未建立起較具系統之陳述。由於此文篇幅簡短惟有三頁，因此在敘述上只能採取簡述之方式，而在內容上也惟有擇取重要之研究成果介紹，無法呈現較全面之研究成果。〔註6〕此外，其文旨在綜述《家語》之研究成果，故尚未形成較具系統之分類，讀者若披文檢索，雖可知其大概，但對於《家語》之細部研究動態為何，仍然無法掌握。

第二，在敘述立場上，對於舊有採取《家語》為偽書之研究者，明顯敘述偏少。在此文中明顯可觀察出，其所舉出之例證與研究成果，大致集中於《家語》真偽性質之考辨居多，而其中又以贊成《家語》非偽書或非全偽之研究者，佔主要篇幅，因而在舊有採取《家語》為偽書之研究成果上，明顯缺乏相關敘述。

第三，此文發表於 2004 年，其後又有諸多研究成果出現，文中有未及敘述者。在此文發表之後至 2007 年間，《家語》在研究數量與課題上，皆有不同以往之局面出現。以數量上而言，關於《家語》之研究，實有明顯增多之趨勢，尤其以《家語》為碩博士論文撰寫對象者居多。再以質量上而言，《家語》之研究課題亦已出現反思與檢討等現象，例如阜陽雙古堆出土之《儒家者言》，是否真為《家語》前身等相關問題之探討即屬此類。凡此，皆為此文所未及敘述者。

基於上述三點，本章第二節即於張文之基礎上，再次針對《家語》之研究情形，進行分類回顧，而回顧方式則以增補、擴充與系統化為主要原則。若就細部而言，則將《家語》相關研究，分成「校釋原書」、「偽書考辨與二

〔註6〕張文未能針對所有研究成果進行敘述，且如海外學者亦有相關著作，如日本近代之武內義雄（1886～1966）、長澤規矩也（1902～1980）、山城喜憲（1947～）、尼子昭彥、伊東倫厚、福田哲之、松本節子、高橋良政，及荷蘭 Kramers, Robert P. (Robert Paul)亦有《家語》之相關著作，此文亦未能引及者。

重證據研究」、「版本概況與流變」、「原文考佚」、「專題研究」等五種面向，進行系統化之回顧。

「校釋原書」一項，乃以張文之第五點加以擴充，而欲觀察之研究成果，實涵蓋兩個面向：一爲校勘《家語》，一爲注釋《家語》。由於專門校勘《家語》之研究者並不多見，且注釋《家語》者，亦多稍涉校勘之工作，故併此兩面向於一處討論。其次，注釋《家語》一項，又可略分爲清朝以前與民國以後。

「僞書考辨與二重證據研究」一項，爲「僞書考辨」與「二重證據研究」兩種研究型態之結合。以「僞書考辨」而言，則爲結合張文之第二、第四、第六數點加以擴充而成，亦即以考辨《家語》之眞僞爲研究核心者，皆歸入此項。至於「二重證據研究」一項，乃於張文之第一、第五點加以擴充而成。由於近代簡牘文獻之大量出土，《家語》僞書考辨之研究，多已轉型爲二重證據之研究居多，故此處併「僞書考辨」與「二重證據研究」兩者爲一。

至於「版本概況與流變」、「原文考佚」、「專題研究」三項，則爲廣張文之未備，而張文第三點中有關王肅之相關研究者，由於非本文核心所在，故暫不敘述。

「版本概況與流變」一項，旨在觀察《家語》之版本及其流變等相關研究。

「原文考佚」一項，旨在觀察學者對於《家語》佚文之研究情形。

「專題研究」一項，旨在觀察以《家語》之單篇或全書進行研究，或以《家語》爲題之碩博士論文等，皆屬此類。其中又稍分「流傳史」、「古今二本」、「孔老（儒道）關係」、「經學與思想研究」四類。

此外，若有海外學者等相關研究成果者，將視其性質歸入於各面向之中加以敘述。至於此五種面向所遺留之問題，或可繼續深入開拓之處，則於第二章中再加以敘述。

第二節　《家語》五大研究面向及其文獻回顧（上）

一、校釋原書

（一）清代以前

今傳最早之《家語》注本，爲魏王肅所注，而現今爲人所重者，亦爲王

肅所注。然歷代注釋《家語》者，實非僅王肅一家而已。〔註7〕今將傳統學者注釋《家語》之相關著作，及其重要或主要版本，製成下表：

【表1-1】歷代校釋《家語》著作一覽表〔註8〕

時代／注解者		書　　名	現存較早／重要之版本
魏	王　肅 （195～256）	《孔子家語》	1. 六朝敦煌殘卷寫本。 2. 宋監本或建本系統。 3. 宋蜀大字本系統。
元	王廣謀	《標題句解孔子家語》三卷 《新刊標題孔子家語句解》六卷	1. 元泰定元年（1324）蒼巖書院刻本。 2. 元泰定二年（1325）崇文書塾刊本。
	劉祥卿	《新編孔子家語句解》十卷	1. 元至正廿七年（1367）劉祥卿家刻本。
明	何孟春 （1474～1536）	《孔子家語》八卷	1. 明正德十六年（1521）建寧張公瑞刊本。
	吳嘉謨	《孔聖家語圖》十一卷	1. 明萬曆十七年（1589）序刊本。
	何棠等	《標注家語》十卷附《集語》二卷	1. 明末刊本。
	鄒德溥	《新鍥臺閣清謌補註孔子家語》五卷首一卷	1. 明萬曆中建陽喬山堂劉龍田刊本。

〔註7〕《隋書‧經籍志》「論語類」中著錄「《孔子家語》二十一卷，王肅解」下，有「梁有《當家語》二卷，魏博士張融撰，亡。」此梁張融所撰《當家語》一書，唐時已亡佚，無由得知其著作性質爲何，然而卻是元明之前，《家語》王注之外的專門著作。上引見〔唐〕魏徵（580～643）：《隋書‧經籍志》，卷32，頁937。

〔註8〕案明焦竑《玉堂叢語》云：「張學士元楨，於書務博涉，尤好探經傳，多所獨得。一時談學者數人，各樹門戶，而公岸然不爲下。作《易書春秋語要》、《四書集要》、《太極圖說要綱目》、《近思錄》、《家語解》，皆未脫稿。」是知明張元楨欲爲《家語解》，然未脫稿，今亦未見此本。參見〔明〕焦竑（1541～1620）著，顧思點校《玉堂叢語》（北京：中華書局，1981年），頁22。上表所列各項注釋本之詳細版本內容，可參閱〔日〕山城喜憲：〈知見《孔子家語》諸本提要（一）〉，《斯道文庫論集》1985年3月，第21輯，頁187～269。惟山城喜憲一文，於清姜國伊《孔子家語》、清張鈇《家語集註》皆有提及，然因故未能著錄，而此二種著作於《清史稿‧藝文志》、及章鈺、武作成等編《清史稿藝文志及補編》、彭國棟《重修清史藝文志》、王紹曾（1910～2007）《清史稿藝文志拾遺》、郭藹春《清史稿藝文志拾遺》等書，皆未著錄。至於清呂承恩《家語弟子補注》一書，則著錄於《中國善本書目》之中。

	楊守勤	《鼎刻楊先生注釋孔聖家語》五卷首一卷	1. 明萬曆卅四年（1606）建陽存德堂陳氏刊本。
	張 鼐	《新鍥侗初張先生注釋孔子家語雋（宗）》五卷首一卷	1. 明萬曆中建陽蕭世熙刊本。
	周宗建（1582～1626）	《新刻注釋孔子家語衡》二卷首一卷	1. 明末建陽喬山堂劉大易刊本。
	陳際泰（1567～1641）	《新刻註釋孔子家語憲》四卷首一卷	1. 明末潭陽劉舜臣刊本。
	顧錫疇孔貞運（1576～1644）	《鼎鍥二翰林校正句解評釋孔子家語正印》三卷首一卷	1. 明天啓三年（1623）怡慶堂余完初刊本。
	張 溥（1601～1641）	《新刻張天如太史評釋孔聖家語》五卷	1. 明末熊氏刊本。
清	姜兆錫（1666～1745）	《家語正義》十卷	1. 清雍正十一年（1733）寅清樓刊本。
	范家相	《家語證偽》十一卷	1. 清光緒十五年（1889）會稽徐氏鑄學齋刊本。
	陳士珂	《孔子家語疏證》十卷	1. 清嘉慶廿三年（1818）刊本。
	孫志祖（1736～1800）	《家語疏證》六卷	1. 清嘉慶仁和孫氏刊本。
	張 鉽（1672～1754）	《家語集註》四十卷	1. 清光緒十五年（1889）著者手定底稿本。
	姜國伊	《孔子家語》十卷	1. 清守中正齋叢書本。
	呂承恩	《家語弟子補注》五卷	1. 清稿本。

　　大致而言，上述諸多校釋著作，若據其所用之注釋底本，又可劃分爲王肅注本、王廣謀注本、何孟春注本，及其他四大類別。以下將各校釋著作，依其所據之注釋底本，分類製成下表：

【表1-2】歷代校釋《家語》所據注本一覽表

注本系統／校釋者		書　　名
王肅注本系統	魏王肅注	《孔子家語》（六朝敦煌殘卷鈔本）
	魏王肅注、清劉世衍校	《孔子家語》十卷，附劉世衍〈札記〉一卷（景宋蜀大字本）
	魏王肅注、明毛晉（1598～1659）校	《孔子家語》十卷（汲古閣刊本）

	魏王肅注、清袁芳瑛校	《孔子家語》十卷（汲古閣刊本）
	魏王肅注、清孫淇校	《孔子家語》十卷（汲古閣刊本）〔註9〕
	魏王肅注、明黃周賢校	《孔子家語》十卷（吳郡黃周賢覆宋刊本）
	魏王肅注、明吳勉學校	《孔子家語》十卷（明萬曆間（1573～1619）新安吳勉學刊本）
	魏王肅注、明葛鼐、金蟠校	《孔子家語》十卷（明末永懷堂刻本）
	魏王肅注、明陸治（1496～1576）校	《孔子家語》十卷，弁義總目、附錄各一卷（明隆慶刊本）
	魏王肅注、明吳嘉謨集校	《孔聖家語圖》十一卷
	魏王肅注、明何棠等標注、錢受益校	《標注家語》十卷附《集語》二卷
	魏王肅注、明劉祥卿句解	《新編孔子家語句解》十卷
王廣謀注本系統	元王廣謀注	《標題句解孔子家語》三卷（元泰定元年（1324）蒼巖書院刻本） 《新刊標題孔子家語句解》六卷（元泰定二年（1325）崇文書塾刊本）
	元王廣謀注、明鄒德溥補注、劉元卿校	《新鍥臺閣清謳補註孔子家語》五卷首一卷
	明楊守勤注釋	《鼎刻楊先生注釋孔聖家語》五卷首一卷
	明張鼐注釋、李光縉校閱	《新鍥侗初張先生注釋孔子家語雋》五卷首一卷
	明周宗建注	《新刻注釋孔子家語衡》二卷首一卷
	明陳際泰注	《新刻註釋孔子家語憲》四卷首一卷
	明顧錫疇注釋、孔貞運評林	《鼎鍥二翰林校正句解評釋孔子家語正印》三卷首一卷
	明張溥注釋	《新刻張天如太史評釋孔聖家語》五卷
何孟春注本系統	明何孟春注	《孔子家語》八卷（明正德十六年（1521）建寧張公瑞刊本） 《孔子家語》三卷（明末葉永明書院遞修本／明刻本）
	明何孟春注、清盧文弨（1717～1795）校補	《孔子家語》八卷（清乾隆卅二年（1767）刊本）

〔註9〕 袁芳瑛、孫淇二家校本皆據汲古閣本為底本，然袁芳瑛校本有五家校，分硃、墨、藍、雄紅、綠等共五色，並有清光緒卅年李希聖手書。

—7—

其他	明張運泰、余元熹匯評	《孔子家語》（清刻本）
	明夏允彝（？～1645）注釋	《新刻註釋孔子家語》二卷（清楊若眉友古堂刊本）
	清姜兆錫撰、姜允重、姜允遠校	《家語正義》十卷
	清范家相撰	《家語證僞》十一卷（清光緒十五年（1889）會稽徐氏鑄學齋刊本）
	清范家相撰、江杏溪重校	《家語證僞》十一卷（民國十三年（1924）蘇州文學山房木活字印本）
	清陳士珂撰	《孔子家語疏證》十卷
	清孫志祖撰、清孫同元校錄	《家語疏證》六卷
	清張鈇撰	《家語集註》四十卷
	清姜國伊撰	《孔子家語》十卷
	清呂承恩撰	《家語弟子補注》五卷

由此觀之，《家語》相關校釋著作，極爲可觀。此外，上述諸家之校勘，多附於《家語》原書之中，然亦有別本單行之校勘著作，或單篇校勘記未收錄於《家語》一書之中者，今製成下表：

【表 1-3】其它校勘《家語》相關著作一覽表

校　　勘　　者	篇　名／書　名
清孫詒讓（1848～1908）撰	〈《孔子家語》校記〉，見孫詒讓撰、雪克輯點：《籀頭遺著輯存》（濟南：齊魯書社，1987 年），頁 253～281。
佚名	《東洋太宰純注本校影宋《家語》異同記》，民國間稿本，今藏中國國家圖書館。
嚴修（1860～1929）撰	《《家語》校勘記》，民國元年至九年（1912～1920）稿本，今藏中國天津圖書館。

以「【表 1-1】歷代校釋《家語》著作一覽表」觀察，可知元、明、清三朝爲《家語》研究之重要朝代，其校釋成果亦相當可觀。然而，元、明二朝之學者注釋《家語》，與清朝學之注釋，於性質上有明顯不同者。元、明學者之注釋，主要目的在於使《家語》之章句更加顯豁，此與王肅之注解旨趣相同，然王肅多於注中加以難鄭，而元、明學者則多不涉及。此外，元、明學者，多以新刊、標題、句解等方式注釋並刪節《家語》之文，其目的欲使童蒙得以入手，此亦元、明學者注釋《家語》之重要特色。

至於清朝學者之注釋方式，多以「對勘」方式進行，其目的在於證明《家

語》為王肅所偽。

再以「【表 1-2】歷代校釋《家語》所據注本一覽表」作觀察，可知「王肅注本」與「王廣謀注本」二者，多為元、明學者所依據，至於以「何孟春注本」為底本者，則甚為罕見。

（二）民國以後

近代學者持續前人校釋工作，並多致力於白話注釋。以純粹校勘或點校而言，如劉殿爵（1921～）編《孔子家語逐字索引》、劉樂賢（1964～）等編《孔子家語》、廖名春（1956～）與鄒新明點校《孔子家語》、楊曉芬等編《孔子家語》、北方婦女兒童出版社編《孔子家語》、陳漁等主編《孔子家語》。至於兼有注釋者，如張濤注譯《孔子家語注譯》、王德明等譯注《孔子家語譯注》、羊春秋譯《新譯孔子家語》、楊朝明（1962～）等譯注《孔子家語通解》諸書，至於楊儁中〈《孔子家語‧七十二弟子解》考校〉一文則是針對《家語‧七十二弟子解》一篇，進行考校。〔註 10〕以上十種研究成果，其所用之底本與參校本等相關情況，可參見下表：

【表 1-4】近代學者校釋《家語》一覽表

編撰者	書　名／篇　名	底本	參　　校	註	譯	校
劉殿爵	《孔子家語逐字索引》	A	1. B、I。 2. 劉世衍〈家語札記〉、《史記》等。	無	無	有
楊儁中	《《孔子家語‧七十二弟子解》考校》	B	1. A、C、E、G、J、K、L、M、N、O 等。 2. 參考其他舊注、類書所引〈七十二弟子解〉。	有	無	有

〔註10〕　參見劉殿爵編：《孔子家語逐字索引》（臺北：臺灣商務印書館，1992 年）。楊儁中：〈《孔子家語‧七十二弟子解》考校〉，收入王叔岷先生八十壽慶論文集編輯委員會編：《王叔岷先生八十壽慶論文集》（臺北：大安出版社，1993 年），頁 115～151。劉樂賢等編：《孔子家語》（北京：燕山出版社，1995 年）。張濤注譯：《孔子家語注譯》（西安：三秦出版社，1998 年）。廖名春、鄒新明點校：《孔子家語》（瀋陽：遼寧教育出版社，1997 年）。王德明等譯注：《孔子家語譯注》（桂林：廣西師範大學出版社，1998 年）。羊春秋譯：《新譯孔子家語》（臺北：三民書局，1996 年）。楊曉芬整理、錢杭審閱、朱維錚復審：《孔子家語》（海口：海南國際出版中心，1996 年）。北方婦女兒童出版社編：《孔子家語》（長春：北方婦女兒童出版社，2001 年）。陳漁、夏雨虹主編：《孔子家語》（長春：吉林人民出版社，2005 年）。楊朝明等譯注：《孔子家語通解》（臺北：萬卷樓出版社，2005 年）。

姜義華等	《孔子：周秦漢魏文獻集》	未言	無	無	無	無
劉樂賢等	《孔子家語》	B	1.I。	無	無	無
張濤	《孔子家語注譯》	B	1.C、E、I、F。 2. 姜義華等編《孔子：周秦漢魏文獻集》本。 3. 劉樂賢編《孔子家語》本。 4. 參考其他舊注、類書所引《家語》。	有	有	無
王德明	《孔子家語譯注》	B	無	有	有	無
廖名春等	《孔子家語》	D	1.A、B。	無	無	有
羊春秋	《新譯孔子家語》	未言	無	有	有	無
楊曉芬等	《孔子家語》	I	1.B。	無	無	無
北方婦女兒童	《孔子家語》	未言	未明言	無	無	無
陳漁等	《孔子家語》	未言	未明言	無	無	無
楊朝明	《孔子家語通解》	B	1.A、C、D、I、G、H。 2. 《孔子家語》(山東友誼出版社本)。 3. 姜義華等《孔子：周秦漢魏文獻集》本。 4. 廖名春、鄒新明《孔子家語》本。 5. 劉樂賢《孔子家語》本。 7. 張濤《孔子家語注譯》。	有	有	無

【說明】

A＝清光緒廿四年貴池劉氏玉海堂景宋蜀本（景宋蜀大字本）

B＝明嘉靖甲寅吳郡黃周賢覆宋刻本（四部叢刊本）

C＝明天啓、崇禎間毛氏汲古閣刊本

D＝同文書局石印本／景宋鈔本

E＝明何孟春注《孔子家語》本（明正德十六年刻本）

F＝清姜兆錫注《家語正義》（清雍正十一年寅清樓刊本）

G＝清孫志祖《家語疏證》（清式訓堂叢書本）

H＝清范家相《家語證偽》（清光緒十五年會稽徐氏鑄學齋刊本）

I＝清陳士珂《孔子家語疏證》（清光緒十七年三餘草堂刊本）

J＝明刊九行廿本

K＝明萬曆間長州刊本

L＝《四庫全書》所收《家語》本

M＝日寬永十五年風月宗智刊本

N＝日寬保元年風月堂刊岡白駒補注本

O＝日寬保二年江都嵩山房太宰純增注本

（三）海外學者

海外學者研究《家語》者，以日本地區最盛，校釋方面亦然。今據山城喜憲〈知見《孔子家語》諸本提要（二）〉所著錄日人之《家語》著述，整理如下表：

【表1-5】日人校釋《家語》相關著作一覽表（1）

編　撰　者	書　名	主要之版本／刻本	注／校
魏王肅注；日岡龍州台〔白駒〕（1692～1767）補注並點	《孔子家語》十卷	寬保元年（1741）刊（京風月堂莊左衛門）	有／有
魏王肅注；日太宰春台〔純〕（1680～1747）增注	《孔子家語》十卷附錄汲古閣版跋一卷	寬保二年（1742）江戶嵩山房小林新兵衛刊本	有／有
魏王肅注；日太宰春台增注；日千葉芸閣〔玄之〕（1727～1792）標籤；附明吳嘉謨撰、高田円乘畫	《標籤孔子家語》十卷首一卷附錄汲古閣〈孔子家語跋〉一卷附《孔子行狀圖解》一卷	寬政元年（1789）江戶嵩山房小林新兵衛刊本	有／有
魏王肅注；日太宰春台增注；日西山元文〔元〕標注	《孔子家語》廿一卷附錄汲古閣板〈孔子家語跋〉一卷	西山元文寫本	有／有
日冢田大峯〔虎〕（1745～1832）注；日林考祥校	《冢注家語》十卷	寬政四年（1792）（雄風館藏版）江戶嵩山房小林新兵衛刊本	有／有
日高田鏡湖〔彪〕撰	《孔子家語諺解》十卷	寬政六年（1794）江戶嵩山房小林新兵衛刊本	有／無
日佚名	《山子孔子家語旁注》一卷	天保六年（1835）鈔本	有／有
日〔戶〕崎〔淡園〕（允明）（？～1806）撰	《孔子家語考》二卷	鈔本	有／有
日佚名	《孔子家語異說》	鈔本	有／有
日佚名	《読孔子家語》六卷	文政鈔本	有／有
魏王肅注；日伴東山〔徙義〕（1772～1834）箋注	《孔子家語》十卷	鈔本	有／有
魏王肅注；日赤城彩霞〔世謙〕（1804～1848）增注	《王肅注家語後案》十卷首一卷	天保鈔本	有／有

日小畑詩山〔行簡〕（1793～1875）撰	《孔子家語校注》	鈔本	有／有
日東條一堂（1778～1857）撰	《孔子家語標識》	嘉永五年（1852）鈔本	有／有
日西島蘭溪〔長孫〕（1780～1852）撰	《孔子家語考》	鈔本、及東洋圖書刊行會刊本	有／有
日西島睡庵〔俊佐〕（1795～1870）撰	《讀家語》二卷	鈔本	有／有

　　由山城喜憲所著錄之相關著作觀之，可知日本學者於《家語》校釋方面，其貢獻並不亞於中國學者。惟此相關著作，多藏於日本之中，又絕少有影本加以普及，故其研究成果，鮮少爲現代學者所利用，誠屬可惜。此外，近代日本學者，如藤原正、宇野精一、尼子昭彥等人，亦陸續有相關著作出現。〔註11〕今將其底本與參校情形製成下表：

【表1-6】日人校釋《家語》相關著作一覽表（2）

編　撰　者	書名／篇名	底本	參　　校	注／譯／校
服部宇之吉（1867～1939）	《孔子家語》	王肅注本	1. 明何孟春注本。 2. 日太宰春臺注本。	有／無／有
藤原正校譯	《孔子家語》	四部叢刊本	1. 《群書治要》本。 2. 景宋蜀大字本。 3. 明何孟春補注本。 4. 明葛鼐、金蟠校本。	有／有／有
宇野精一編（1910～）	《孔子家語》	景宋蜀大字本	1. 清陳士珂《家語疏證》本。 2. 日太宰春臺注本。 3. 日岡白駒補注本。 4. 日冢田大峰注本。 5. 冨山房漢文大系服部宇之吉本。	有／有／有
尼子昭彥補注	《孔子家語》補注稿〉（一）～（四）	景宋蜀大字本	1～5. 同宇野精一所編參校諸本。 6. 日千葉玄之標箋本。 7. 日戶崎允明《孔子家語考》本。	有／無／有

〔註11〕參見服部宇之吉：《孔子家語》（臺北：新文豐影印日本漢文大系，1978年）。藤原正：《孔子家語》（東京：岩波書局，1933年）。宇野精一：《孔子家語》（東京：明治書院，2000年）。尼子昭彥：〈《孔子家語》補注稿（一）、（二）、（三）、（四）〉，分見《北の丸——國立公文書館報》1999年10月，第32號，頁3～17；2000年11月，第33號，頁3～23；2001年11月，第34號，頁3～30；2002年11月，第35號，頁36～61。

由上表稍作觀察，可知諸家所據底本皆爲通行之重要版本，而其校釋所參校之諸本，亦多爲日本重要學者之注本。因此，上述所列著作，實爲初步認識日本《家語》相關校釋研究，所不可或缺之重要文獻。

除日本外，近代學者如荷蘭萊頓大學的 Kramers, Robert P. (Robert Paul)，亦有《孔子家語》相關研究。此書分成兩大部分，第一部主要針對《家語》一書作相關論述，第二部分則爲英譯《家語》卷一部分，共計十篇。其章節如下表：

【表 1-7】Kramers, Robert P.《孔子家語》章節內容

I. INTRODUCTION	序　論
CHAPTER Ⅰ. NATURE OF THE KUNG TZU CHIA YU	《孔子家語》的本質
CHAPTER Ⅱ. THE CHIA YU IN HISTORY	《家語》綜述
1. History of Its Evaluation	歷來評價綜述
2. History of Editions	版本流變綜述
CHAPTER Ⅲ. Wang Su	王肅
1. Biography of Wang Su	王肅生平
2. Wang Su's Scholarly Activities	王肅學術活動情形
CHAPTER IV. EXTERNAL EVIDENCE ——PREFACE AND POSTFACE	以《家語》之外緣證據爲例
1. The Preface	〈王肅序〉
2. Discussion of the Preface	論〈王肅序〉
3. The Postface	〈後序〉
4. Discussion of the Postface	論〈後序〉
CHAPTER V. INTERNAL EVIDENCE ——FEATURES OF THE TEXT	以《家語》之內緣證據爲例
1. Affinities with the Sheng cheng lun	《家語》與《聖證論》相似之處
2. Affinities with the Ku wen shang shu	《家語》與《古文尙書》相似之處
3. Other Peculiarities of the Text	文本殊異之處
4. The Chia yu as a Compilation	《家語》集體編纂
CHAPTER VI. CONCLUSIONS	結論

II. TRANSLATION OF SECTIONS 1-10	卷一試譯
SECTION 1: Being Councilor in Lu	〈相魯〉第一
SECTION 2: First Punishment	〈始誅〉第二
SECTION 3: Royal Words Explained	〈王言解〉第三
SECTION 4: Explanation of the Great Marriage Rite	〈大婚解〉第四
SECTION 5: The Conduct of a Ju Explained	〈儒行解〉第五
SECTION 6: Questioning about the Rites	〈問禮〉第六
SECTION 7: Explanation of the Five Grades	〈五儀解〉第七
SECTION 8: Giving Rein to Thoughts	〈致思〉第八
SECTION 9: Three ways of Reciprocity	〈三恕〉第九
SECTION 10: Loving Life	〈好生〉第十
NOTES TO THE TRANSLATION	譯按
TABLE OF PARALLELS	相似處列表
BIBLIOGRAPHY	書目
INDEX	索引

　　此書可於臺灣中央研究院史語所、文哲所見及，至於其他海外學者之相關研究，可參閱嚴靈峯（1904～1980）《周秦漢魏諸子知見書目》，然其所著錄者，臺灣皆未易見及，故其相關研究成果，亦難爲學者所重視。〔註12〕

二、僞書考辨與二重證據研究

　　「僞書考辨」此一面向之研究，實爲《家語》研究史上，最爲重要之環節。關於《家語》「僞書考辨」之相關研究，亦可劃分清代以前及民國以後兩

〔註12〕英文方面有：A. B. Hutchinson, The Family Sayings of Confucius tr. by A.B. Hutchinson Chinese Recorder and educational Review,(Shanghai, Foochow), 9, (1878)445-453; 10, (1879); 17-23, 96-103, 175-179, 253-260, 329-337, 429-432; 11, (1880): 13-23.及 R. P. Kramers, Kung Tzu Chia Yu. The School sayings of Confucius. Introuduction Translation of section1-10. with critical notes. Copyright 1950 by E. J. Brill.Printed in netherlands.法文方面有：C. de Harlez, Kong-tze-kia-yu, Les Entretines Familiers de Confucius Wang-Su. de Harlez Paris, E. Leroux et Louvain; 1899.德文方面有：Hidesaburo Endo, Das Leben und die padagogische Bedeutung des Confucius tr. by Hidesaburo Endo Leipzig, Hirsemann;1893.以上著錄轉引自嚴靈峯：《周秦漢魏諸子知見書目》（臺北：正中書局，1977 年），頁 175。

個階段，而此二種階段，所涉及之焦點亦各不同。

（一）清代以前偽書考辨所當涉及之焦點

研究《家語》偽書說之形成，實爲重要且必須之議題，然迄今多屬零星之論，而未有專篇之研究者。然無論如何，如欲探討清代以前《家語》偽書說之形成，當可從以下三點面向進行：

第一，《家語》爲何能被論斷爲偽書？或換言之，《家語》形成偽書是否有其合理之懷疑空間？或者是否此懷疑空間之存在，遂使難者得以藉此空間進而見縫插針，加以論定此書爲偽？

第二，傳統學者如何證成《家語》爲偽書？亦即傳統學者所用之方法爲何，致使其認定《家語》爲偽書？

第三，《家語》形成偽書說的過程爲何？或換言之《家語》是否於王肅傳世後即被認定偽書？抑或是逐漸形成偽書說？

上述三點面向，皆爲當今學者研究清代以前，關於《家語》偽書考辨所應當注意之焦點。

（二）民國以後偽書考辨所當涉及之焦點

相關簡牘文獻出土以來，《家語》偽書考辨之研究型態，已從清儒以「傳世文獻」考據「傳世文獻」之方式，轉型爲「出土文獻」考據「傳世文獻」之二重證據研究，而此類研究於質量與數量上，皆有一定之成果。綜觀此類之研究，其焦點往往圍繞在下列三個面向：

第一，以二重證據研究法，論述相關簡牘文獻如定縣漢簡及阜陽漢簡之《儒家者言》、《民之父母》，即爲《家語》一書之原始材料，因而認定《家語》並非偽書。大致而言，此面向實爲研究《家語》偽書考辨方面之主流。

第二，以承認第一種面向之研究爲前提，不再針對《家語》直接進行二重證據研究，乃轉而直接開發《家語》之文獻內容，並進行各項專題研究。

第三，以二重證據研究法，論述相關簡牘文獻如定縣漢簡及阜陽漢簡之《儒家者言》，並非《家語》之原型。此一面向則爲檢討第一面向時，所提出之反思，研究數量不多，但值得注意與關切。

以上三點，大致已包含目前《家語》偽書考辨之研究面向，然回顧此三種面向之相關論文前，先將與《家語》有關之出土文獻，依出土先後簡介如下。

（三）與《家語》有關之出土文獻簡介

1. 定縣漢簡《儒家者言》

此批漢簡於 1970 年出土於河北定縣（今已改為定州市，今暫依舊稱）八角廊 40 號漢墓，而其出土之文獻資料計有《論語》、《儒家者言》、《哀公問五義》、《保傅傳》、《太公》、《文子》、《六安王朝五鳳二年正月起居記》、《日書》等數種。其中之《儒家者言》，不少釋文可於今本之《孔子家語》、《說苑》、《韓詩外傳》等書中，找到對應之處。〔註13〕

定縣 40 號漢墓整理組對《儒家者言》與《家語》之關係，並未表達直接看法，僅作如下之說明：

> 這部書的絕大部分內容，散見於先秦和西漢時期的一些著作中，特別在《說苑》和《孔子家語》之內，但它比這些書保存了更多的較為古老的原始資料。既可以校正不少書中謬誤，又是研究儒家學說、思想很有價值的一部古書。〔註14〕

整理者只說明《儒家者言》保存了比《說苑》與《家語》更為古老之原始資料，似乎肯定《儒家者言》之材料，較《說苑》與《家語》為原始，故可用以校勘傳世文獻之謬誤。

整理者之一何直剛之看法，認為《家語》之真偽尚有探討空間。其說如下：

> 另外，簡中還發現與《孔子家語》十章相同的內容，但分章不相同，文字差別也比所有其它各書都大，釋文已有詳注，不再多述。因此，《家語》的真偽還可以探討。〔註15〕

何直剛指出，《儒家者言》與《家語》可對應之處，計有十章，但兩者之分章與文字敘述，卻差異甚大。因此，《家語》之真偽，仍有討論空間。

〔註13〕河北定縣八角廊 40 號漢墓出土文物情形與相關簡報，可參閱河北省文物研究所：〈河北定縣 40 號漢墓發掘簡報〉，《文物》1981 年，第 8 期總第 303 期，頁 1～10。定縣漢墓整理組（國家文物局古文獻研究室、河北省博物館、河北省文物研究所）：〈定縣 40 號漢墓出土竹簡簡介〉，《文物》1981 年，第 8 期總第 303 期，頁 11～12。定縣漢墓整理組（國家文物局古文獻研究室、河北省博物館、河北省文物研究所）：《儒家者言》釋文〉，《文物》1981 年，第 8 期總第 303 期，頁 13～19。何直剛：〈《儒家者言》略說〉，《文物》1981 年，第 8 期總第 303 期，頁 20～22。

〔註14〕見定縣漢墓整理組（國家文物局古文獻研究室、河北省博物館、河北省文物研究所）：〈定縣 40 號漢墓出土竹簡簡介〉，頁 11。

〔註15〕何直剛：〈《儒家者言》略說〉，頁 22。

2. 阜陽漢簡《儒家者言》

　　此批漢簡於 1977 年出土於安徽阜陽雙古堆 1 號漢墓，而其出土文獻資料計有《蒼頡篇》、《詩經》、《周易》、《年表》、《大事記》、《雜方》、《作務員程》、《行氣》、《相狗經》、《辭賦》、《刑德》、《日書》及木牘三塊。

　　此三塊木牘，起初並未命名，只以 1、2、3 號作爲代稱。胡平生後來將第 3 號木牘命名爲《說類雜事》，即認定此塊木牘即爲劉向「所校中書《說類雜事》」之屬。」〔註16〕其後，韓自強又將 1 號簡牘命名爲《儒家者言》章題，將 2 號簡牘命名爲《春秋事語》章題。〔註17〕至此，阜陽漢簡出土之三塊木牘，皆已有名稱。然今相關論文中，仍有不依胡、韓二人之命名者，而逕稱 1、2、3 號木牘。

　　此三塊木牘中之 1 號木牘，即《儒家者言》章題，可於今本之《孔子家語》、《說苑》、《新序》等書找到相應之處。〔註18〕關於阜陽漢簡整理組對於《儒家者言》與《家語》關係之看法，有如下之簡短說明：

> 舊說以爲《孔子家語》，王肅僞作，今阜陽漢簡木牘證明早在西漢初
> 期，已有類似的書籍。〔註19〕

整理者認爲，西漢初期已有類似《家語》之類的書籍，雖未直接否定《家語》非王肅所僞，但已間接表示《家語》之材料當有較早之來源。

3. 上海博物館藏戰國楚竹書（二）《民之父母》

　　目前已公布之《上海博物館藏戰國楚竹書（二）》中之《民之父母》，與今

〔註16〕 胡平生：〈阜陽雙古堆漢簡與《孔子家語》〉，《國學研究》2000 年 7 月，第 7 卷，頁 515～546。

〔註17〕 見安徽省阜陽市博物館、韓自強、韓朝：〈西漢汝陰侯墓一號木牘《儒家者言》章題釋文〉，收入李學勤、謝桂華主編：《簡帛研究 2002～2003》（桂林：廣西師範大學出版社，2005 年）頁 248～255。及韓自強：〈阜陽西漢汝陰侯墓一號木牘《儒家者言》章題〉、〈阜陽西漢汝陰侯墓二號木牘《春秋事語》章題及相關竹簡〉，分見韓自強：《阜陽漢簡《周易》研究》（上海：上海古籍出版社，2004 年），頁 149～164；頁 165～205。

〔註18〕 至於安徽阜陽雙古堆 1 號漢墓出土文物情形與相關簡報，可參閱安徽省文物工作隊、阜陽地區博物館、阜陽縣文化局：〈阜陽雙古堆西漢汝陰侯漢墓發掘簡報〉，《文物》1978 年，第 8 期，頁 12～31。阜陽漢簡整理組（文物局古文獻研究室、安徽省阜陽地區博物館）：〈阜陽漢簡簡介〉，《文物》1983 年，第 2 期總第 321 期，頁 21～23。

〔註19〕 參見阜陽漢簡整理組（文物局古文獻研究室、安徽省阜陽地區博物館）：〈阜陽漢簡簡介〉，頁 23。

本之《家語・論禮》、《禮記・孔子閒居》等文獻，有相應之處。然整理者並未據此論定《家語》之眞僞情形，惟指出《民之父母》與《家語》、《禮記》存在以下五點差異：其一，「竹書內容與今本簡繁不同」、其二，「竹書與《禮記・孔子閒居》『五起』次序不同」、其三，「竹書與《孔子家語・論禮》所記載的『五起』內容不同」、其四，「用字、用詞不同」、其五，「有些重要的句子，爲今本所無」。〔註20〕上述五點，亦爲學者研究《民之父母》與《禮記》、《孔子家語》等文獻關係時，重要之核心所在。

　　自以上三種簡牘文獻出土以來，已暫使學者跳出清人對勘《家語》之研究方式，而轉往二重證據研究之途徑上。以下就針對現今學者以二重證據研究法，進行《家語》僞書考辨等相關研究成果，加以回顧如下。

（四）二重證據研究法相關論文回顧

　　以二重證據研究法，對《家語》進行僞書考辨之研究者，上述已說明至少涉及三個面向，而其中第一個面向，仍是近來方興未艾之研究熱潮，而此種熱潮又以李學勤〈竹簡《家語》與漢魏孔氏家學〉、〈八角廊漢簡儒書小議〉二文開端。

　　綜觀此二文，大致提出三點重要觀念：第一，定縣八角廊《儒家者言》與阜陽雙古堆出土之相關簡牘，可視爲《家語》之原形。第二，《儒家者言》當爲〈漢志〉所著錄《家語》之「摘鈔本」。第三，王肅未自孔猛處取得《家語》前，《家語》與《孔叢子》等其他書籍，乃由孔氏以家學之方式傳承，此即所謂「漢魏孔氏家學」。上述李學勤三點看法，影響當代學者相當深遠，不少學者之論述基礎，皆根源於此。

　　此外，又如王志平《孔子家語》札記〉一文，除認同李學勤之說外，亦藉由信陽長臺關出土之戰國楚簡中，所出現「強氣」一詞爲今本《墨子》之佚文，而《家語・好生》篇中亦有此一詞彙，故認定《家語》中保留先秦古語，非王肅所能僞造。

　　又如胡平生〈阜陽雙古堆漢簡與《孔子家語》〉一文，針對阜陽漢簡木牘1、2、3號內容，加以考論《家語》之眞僞情形。其論證方式主要依據〈王肅序〉、〈後序〉所提及《家語》之流傳過程，及劉向編定之《說苑》、《新序》所提及之材料來源及其內容，與木牘之記載作對應，遂論斷1、2、3號木牘，

〔註20〕馬承源主編、濮茅左釋文：《上海博物館藏戰國楚竹書二・民之父母》（上海：上海古籍出版社，2002年），頁149～180。

實爲《說苑》、《新序》、《家語》之原始材料。此外，並針對傳統學者認定《家語》爲僞書之觀點，加以一一反駁。

其次，又如朱淵清〈阜陽雙古堆 1 號木牘箚記二則〉一文，提出三項觀點：第一，1 號木牘當是一本單獨之書，非與 2、3 號木牘同爲一類。第二，1 號木牘基本上記錄孔子及其弟子之言行，明顯與 2 號木牘極少涉及孔門師生事蹟者不同。第三，不能根據 1 木牘部分內容，與定縣出土之《儒家者言》有部分相同之處，即將 1 號木牘亦定名爲《儒家者言》。此外，並針對 1 號木牘之「曾子問曰□子送之」、「中尼曰史鰌有君子之道三」二章進行考論。就以「曾子問曰□子送之」章而言，在與其相應之《說苑》與《家語》比對後，指出《家語》此段之相關記載，當較《說苑》記載深入與細緻。據此，《家語》此段來源應當更爲原始與眞確。至於「中尼曰史鰌有君子之道三」章而言，根據此章具有推讚史鰌之觀點，而《說苑》與《家語》亦皆有讚美史鰌之相同現象，說明此等記載皆繼承思孟學派之觀點，與《荀子》批評史鰌之立場相異，遂推論此木牘當爲思孟學派之記錄，且在《荀子》以前即有之。

以上諸篇，皆爲此面向之重要代表著作，而此類相關研究之出現，皆使《家語》之文獻來源，逐漸爲學者所重視，而非僅如清代學者般，直接扣緊王肅所僞且摒棄之而不加細論。〔註21〕

〔註21〕 上述諸篇見李學勤：〈竹簡《家語》與漢魏孔氏家學〉、〈八角廊漢簡儒書小議〉，收入李學勤：《簡帛佚籍與學術史》（南昌：江西教育出版社，2004 年），頁 380～387：388～397。王志平：《孔子家語》札記〉，收入王元化主編：《學術集林》（上海：上海遠東出版社，1996 年），第 9 卷，頁 119～131。胡平生：〈阜陽雙古堆漢簡與《孔子家語》〉，《國學研究》2000 年 7 月，第 7 卷，頁 515～546。朱淵清：〈阜陽雙古堆 1 號木牘箚記二則〉，《齊魯學刊》2002 年，第 4 期總第 169 期，頁 17～21。此外，下列諸篇亦屬此類之探討，如廖名春、張岩：〈從上博簡《民之父母》「五至」說論《孔子家語・論禮》的眞僞〉，《湖南大學學報》（社會科學版）2005 年 9 月，第 19 卷第 5 期，頁 6～10+32。福田哲之：〈阜陽漢墓出土木牘章題考：一號・二號木牘を中心として〉，《中國研究集刊》2005 年 6 月，第 37 號，頁 37～53。福田哲之：〈阜陽漢墓一號木牘章題と定州漢墓竹簡〈儒家者言〉：《新序》、《說苑》、《孔子家語》との関係〉，《中國研究集刊》2005 年 12 月，第 39 號，頁 64～84。林啓屏撰、上野洋子訳：〈《民之父母》における「五至」について〉，《中國研究集刊》2004 年，第 36 號，頁 98～112。張岩：《孔子家語》之〈子路初見〉篇、〈論禮〉篇研究》（北京：清華大學碩士論文，2004 年）。楊朝明：〈出土文獻與《孔子家語》僞書案的終結〉，收入楊朝明編：《《孔子家語》通解》（臺北：萬卷樓，2005 年），頁 3～7。王政之：〈出土文獻與《孔子家語》研究述評〉，收入楊朝明編：《《孔子家語》通解》（臺北：萬卷樓，2005 年），頁 606～618。

　　以第二個面向而言，其研究成果亦甚可觀。其中，又以楊朝明及其所帶領之研究者爲主。然此部分之研究，其前提乃在二重證據法之研究成果下，認定《家語》非僞，方進行《家語》之各項專題研究，然其本身多非著力於二重證據之研究，故此部分將置於「專題研究」一節中敘述，此處暫不涉及。

　　以第三個面向而言，有部分學者對於「相關出土文獻爲《家語》之原形」一觀點，已開始有不同見解。如左松超、李傳軍、寧鎮疆等人，皆有撰文發表相關意見。

　　如左松超〈論《儒家者言》及其與《說苑》之關係〉一文，以爲《儒家者言》之內容，見於相關書籍者以《說苑》之十六章最多。其次，《儒家者言》凡見於《說苑》同時又見他書者，文字多與《說苑》相近。據此，《儒家者言》之文獻內容，當與《說苑》之關係較爲密切。

　　又如李傳軍〈《孔子家語》辨疑〉一文，亦針對定縣八角廊《儒家者言》之內容與性質作論述，並提出與左松超相同之意見。其論述方式主要有三點：第一，《儒家者言》中凡與今本《家語》重出者，亦見於《說苑》。第二，《儒家者言》與《說苑》關係較近，與《家語》之關係較遠，尤其《家語》與《儒家者言》之歧異處，正往往爲《說苑》與《儒家者言》之相似處。第三，清朝學者認定《說苑》爲今本《家語》文獻來源之一此觀點，亦可作爲第二點之輔證。此外，《說苑》即使不是全部，至少也是部分承接《儒家者言》之內容。大致而言，此文主要認爲《說苑》多本於《儒家者言》，而《家語》又多本於《說苑》、《韓詩外傳》、《禮記》等相關文獻。

　　再如寧鎮疆〈八角廊漢簡〈儒家者言〉與《孔子家語》相關章次疏證〉、〈由出土文獻再說《孔子家語》的性質及其成書過程〉二文，亦有近於上述兩者之觀點。後文中主要提出兩項重要觀點：第一，《儒家者言》之出土，並不能解決今本《家語》眞僞之爭論，反而證明《家語》存在較多後人（如孔安國、王肅等）整理或改動之痕跡。第二，《儒家者言》之出土，所能證明者乃《說苑》之價值，而非《家語》。

　　以上相關文章之觀點，大致皆承認《儒家者言》與《說苑》之關係較近，與《家語》之關係較遠。其中李、寧二人相關文章，更主張《儒家者言》未能完全解決今本《家語》確爲古本《家語》之問題。然兩者於細部主張略有不同，如李文仍堅持《家語》爲王肅所僞，而寧文則以爲《家語》存在更多後人整理之痕跡，如孔安國、王肅等。但無論如何，以上相關文章皆可視爲

李學勤「《儒家者言》爲《家語》之原形（及摘鈔本）」一觀點之下，所進行之反思。〔註22〕

第三節　《家語》五大研究面向及其文獻回顧（下）

一、版本概況與流變

　　關於《家語》版本相關研究，亦可約略劃分爲清代以前及民國以後。然而，由於清代以前之學者，受限於地域及版本流通不易等環境限制，且對於版本等相關著作，多以書目題跋、解題方式紀錄，往往較無系統化之呈現。尤於各版本間之流變與翻刻情形，論述更形缺乏。至於民國以後之學者，由於能超越清代以前之學者受限於時間、地域及版本流通不易等環境限制，且於著錄方式、版本流變與翻刻情形等，皆能有系統加以論述，故此項研究，主要以近代學者之研究成果爲主。

　　此類研究以山城喜憲（1947～）〈知見《孔子家語》諸本提要（一）、（二）、（三）〉與金鎬〈《孔子家語》版本源流考略〉四文最具代表。山城喜憲與金鎬二人，於研究《家語》之版本流變時，皆以「白文本」、「王肅注本」、「王廣謀注本」、「何孟春注本」四種系統作爲觀察基礎。

　　山城喜憲三文篇幅頗厚，而內容又各有所重。〈知見《孔子家語》諸本提要（一）〉一文，側重《家語》「白文本」、「王肅注本」、「王廣謀注本」、「何孟春注本」四種系統之「刻印」、「翻刻」、「流變」、「現代有何種影本」與「館藏情形」作詳盡之考論。〈知見《孔子家語》諸本提要（二）〉一文，則針對日本《家語》之「翻刻情形」與「研究成果」，一一著錄其「版本流變」與「館藏情形」，尤以明治以前爲主。〈知見《孔子家語》諸本提要（三）〉一文，則針對清人研究《家語》之著作，一一著錄其「版本流變」與「館藏情形」，並加以敘述。此

〔註22〕上述相關研究可參閱左松超：〈論《儒家者言》及其與《說苑》之關係〉，《第一屆先秦學術國際研討會論文集》（高雄：國立高雄師範大學，1992 年），頁 255～296，後收入左松超：《說苑集證》（臺北：國立編譯館，2001 年），下冊，頁 1422～1480。李傳軍：〈《孔子家語》辨疑〉，《孔子研究》2004 年，第 2 期，頁 76～83。寧鎮疆：〈八角廊漢簡〈儒家者言〉與《孔子家語》相關章次疏證〉，《古籍整理研究學刊》2004 年 9 月，第 5 期，頁 5～15。寧鎮疆：〈由出土文獻再說《孔子家語》的性質及其成書過程〉，《孔孟學報》2004 年 9 月，第 82 期，頁 131～159。

三篇論文優點首重詳細，不僅版本著錄多達百餘種，且能針對《家語》之重要
著作，一一深入比對各版本字句上之差異，而作者生卒年、爵里及著述等相關
者，亦有扼要之解題，實爲研究《家語》不可或缺之重要依據。

　　金鎬〈《孔子家語》版本源流考略〉一文，則於「白文本」、「王肅注本」、
「王廣謀注本」、「何孟春注本」四種系統上，詳論各版本之流變情形。文末
附以圖表方式，展現各注本之版本翻刻關係與流變情形，使讀者易於快速掌
握相關資訊。

　　王重民（1903～1975）《敦煌古籍敘錄・孔子家語》、松本節子〈大英図
書館藏《孔子家語》について〉、寧鎮疆〈英藏敦煌本《孔子家語》的初步研
究〉三文，皆爲敦煌殘卷鈔本《家語》之相關研究。王重民首先針對此殘卷
鈔本進行研究，提出三項重要觀點：其一，根據「民」字不諱，斷此注本爲
六朝鈔本。其二，根據此鈔本與《家語》四部叢刊本、景宋蜀大字本互校，
斷定四部叢刊本、景宋蜀大字本二種宋刻本，不僅改經文亦改注文。其三，
以今本《家語》次序，斷定鈔本〈五刑解〉列在卷「十」，蓋鈔本字誤，當作
「七」。

　　寧鎮疆〈英藏敦煌本《孔子家語》的初步研究〉一文，雖肯定王重民第
一點之說，但於其第二點之說則加以否定，並藉由此鈔本所具有之文獻意義，
試圖釐清《家語》於唐時並無古今二本之問題。

　　武內義雄（1886～1966）〈讀家語雜識〉一文，對於「景宋蜀本」、「明覆
宋刊本」兩種版本之《家語》，皆有所論述。大致針對明毛晉所得景宋蜀本並
非足本一點，引用相關資料加以論述卷一、卷二中第十六葉以前，乃取當時
刻本補入，並比較景宋蜀本、明覆宋刊本兩本之優劣情形。〔註23〕

〔註23〕上述諸篇可參閱山城喜憲：〈知見《孔子家語》諸本提要（一）、（二）、（三）〉。
　　　　金鎬：〈《孔子家語》版本源流考略〉，《故宮學術季刊》2002 年冬季，第 20
　　　　卷第 2 期，頁 165～201+210。王重民：《敦煌古籍敘錄・孔子家語》，收入嚴
　　　　靈峯編：《書目類編》（臺北：成文出版社，1978 年，第 82 冊），總頁 36727
　　　　～36728。松本節子：〈大英図書館藏《孔子家語》について〉，《いずみ通信》
　　　　2004 年 8 月，第 31 號。寧鎮疆：〈英藏敦煌寫本《孔子家語》的初步研究〉，
　　　　《故宮博物院院刊》2006 年，第 2 期總第 124 期，頁 135～140。武內義雄：
　　　　〈讀家語雜識〉，收入《武內義雄全集》（東京：角川書院，1979 年），第 4
　　　　卷，「儒教篇三」，頁 343～350。此外，有關《家語》版本之研究，除上述提
　　　　及之外，尚有下列諸篇，如長澤規矩也：〈《孔子家語》解題〉，收入長澤規矩
　　　　也先生喜壽紀念會編：《長澤規矩也著作集》「和刻本諸子大成解題」（東京：
　　　　汲古書院，1987 年），第 10 卷，頁 62～63。桂五十郎〔湖邨〕：〈《孔子家語》

二、原文考佚

大致而言輯佚之情形有三：第一，全書已佚，需藉由現存他書所引用者，加以輯錄而成，此爲較嚴格意義之輯佚。第二，全書大抵仍流傳於世間，然有些許文句散佚，而學者針對此部分進行輯佚者，此亦可視爲補遺。第三，全書已佚且已有輯本，然蒐輯未備，學者因而再行輯佚，以求後出轉精，此雖屬輯佚之範圍，但亦可視爲輯佚之補遺。

《家語》一書自魏王肅傳世以來，至今並無亡佚，因此對於《家語》之輯佚工作，只能屬於上述之第二種。然亦由於《家語》並無亡佚，因此鮮少有針對《家語》進行佚文考核者。即如清朝輯佚之盛，亦惟有孫志祖一人有此相關研究。孫志祖所輯《家語》佚文，見於《讀書脞錄》，此三條佚文分別如下：其一，見於《左傳》正義引《嚴氏春秋》引《家語》之文：

〈觀周〉篇云：孔子將修《春秋》，與左丘明乘如周，觀書於周史。歸而修《春秋》之經。丘明爲之傳，共爲表裏。

其二，見於《毛詩》正義引《家語》之文：

《家語》引此詩云：「紂政失其道，而執萬乘之勢，四方諸侯固猶從之，謀度於非道，天所惡焉。」

其三，見《列子・湯問》張湛注引《家語》之文：

鯤魚，其大盈車。〔註24〕

孫志祖所輯之三條佚文雖然簡短，然而十分珍貴，且於《家語》之研究方式上，已獨闢蹊徑。清王仁俊（1866～1913）之《經籍佚文》中，雖然有〈家語佚文〉一卷，然其內容與孫志祖所輯三條相同，乃轉引孫志祖之研究成果。〔註25〕

近人對《家語》之佚文有所關注者，當推程金造《史記索隱引書考實》一書。此書針對唐司馬貞《史記索隱》所引及之書及其內容，皆一一加以核對或

解題〉，收入桂五十郎編《漢籍解題》（東京：東出版，1997年），頁124～126。高橋良政：〈《孔子家語》の文獻學的考察——寬永刻本の意義〉，《桜文論叢》2000年，第50期，頁159～180。

〔註24〕〔清〕孫志祖：《讀書脞錄》（臺北：廣文書局，1963年），卷4，「家語佚文」條，頁16。

〔註25〕《古佚書輯本目錄》指出：「孫志祖從《左傳正義》、《毛詩正義》、《列子》張湛注各採得《家語》文一節，皆今本所無者。王仁俊《經籍佚文》即轉錄孫輯。」見孫啓治、陳建華編：《古佚書輯本目錄》（北京：中華書局，1997年），頁206。

考佚。其體例先分經、史、子、集四類，並依序將《史記索隱》所引之書，依類次於四部之中，凡《史記索隱》中所引同一書而散於《史記》各篇之下者，一一匯集於一處，並與今本之內容加以核對考佚，以論其異同。其中，亦有兼及《家語》及王注者，今將程金造所考定《家語》及王注爲佚文者，製成下表：

【表 1-8】程金造《史記索隱引書考實》「《家語》及王注」佚文部分〔註26〕

司馬貞《索隱》引《家語》	考　實
姚氏案：《孔子家語》云：「子武生子魚及子文。子文生最，字子產。」〈高祖功臣侯者年表〉	案今《家語》無此文。
《家語》云：「道士皆言子侯得仙，不足悲」。〈封禪書〉	今《家語》無此文。
《家語》：作「遊過市」。〈孔子世家〉	……然今《家語》無此文。
《家語》，「姑布子卿謂子貢曰。」〈孔子世家〉	案今《家語》無此文。
《家語》云：「……少孔子二十九歲。」〈仲尼弟子列傳〉	今〈七十二弟子解〉無「少孔子二十九歲」之文。
司馬貞《索隱》引《家語》王注	考　實
王肅云：「歷階，登階不聚足」。〈孔子世家〉	案今〈相魯篇〉無此注文。
王肅云：「此久遠之書，年數錯誤，未可詳也。校其年，則顏回死時，孔子年六十一」云云。〈仲尼弟子列傳〉	然今景宋無此注文。
王肅云：「廢舉，謂買賤賣貴也。轉化，謂隨時轉貨以殖其資也。」〈仲尼弟子列傳〉	但景宋本無此注文。

　　就以上孫志祖與程金造二人之研究而言，實已開啓研究《家語》之一重要途徑。然除此孫、程二人外，《家語》考佚之相關研究者，多付之闕如。自程書脫稿以來，《家語》之佚文直至二十多年後，方有學者再進行探討，〔註27〕如寧鎮疆〈英藏敦煌本《孔子家語》的初步研究〉、〈《孔子家語》佚文獻疑及辨證〉即是。寧氏此二文，主要觀點圍繞於《家語》在唐宋時期之流傳時，容有篇章隸卷多寡不同之情形存在，然於內容上並無大量亡佚。此外，亦針對孫志祖、程金造所指出之佚文作逐條考證，指出若以嚴格意義之佚文而言，《家語》符合者甚少，而程金造所列舉《家語》之數條佚文，大致爲唐司馬貞節引或暗引《家語》時，所導致之現象，並非眞爲《家語》之佚文。〔註28〕

〔註26〕程金造：《史記索隱引書考實》（北京：中華書局，1998年），頁131～138。
〔註27〕據此書中華書局〈出版說明〉中，知此書脫稿於1981年，至1998年方正式出版。
〔註28〕參閱寧鎮疆：〈英藏敦煌寫本《孔子家語》的初步研究〉，《故宮博物院院刊》

三、專題研究

　　清代以前之學者，往往視《家語》與王肅之間，依存於某種作僞、增加等關連，故多未能正視《家語》之價值。直至相關簡牘文獻出土，《家語》方重新爲學者所注意。不僅如此，當今學者於《家語》之研究，亦已逐漸進入多元且深入之局面，較傳統學者集中於僞書考辨者，已有所不同。此種多元且深入之研究，可以「專題研究」一詞稱之，其細部又可大致劃分爲「流傳史研究」、「古今二本研究」、「孔老（儒道）關係研究」、「經學與思想內涵」等四大點，以下則針對此四點進行論述。

（一）「流傳史研究」

　　概括而言「流傳史」之研究，應包含以下數項範圍：其一，編撰者與初次成書過程之探討，如文本由何人初步聚集、刪削等相關編定程序。其二，探討此書之傳授、流佈及相關者，亦即此書在編定之後，以何種方式傳授、流佈，而研究者又如何取材於此以作其他學術用途，或針對此書進行再次的編定、注解或其他文本性的相關研究。

　　大致而言《家語》此類型之研究，以第一項居多，如化濤〈歷代《孔子家語》的流傳與研究〉、王政之〈出土文獻與《孔子家語》研究述評〉、孫海輝《孔子家語》成書問題考辨〉及陳劍、黃海烈〈論《禮記》與《孔子家語》的關係〉數文即是。〔註29〕

（二）「古今二本研究」

　　探討《家語》之「古今二本」時，必須先釐清「古今二本」一議題，包含三種不同面向，否則極易混淆，此三種面向各如下述：

　　第一，視現今之出土文獻爲《家語》之古本，而傳世文獻之《家語》即

2006 年，第 2 期總第 124 期，頁 135～140。及寧鎮疆：〈《孔子家語》佚文獻疑及辨證〉，《中國典籍與文化》2006 年第 4 期，頁 14～19。

〔註29〕此類相關研究，可參閱以下數篇：化濤：〈歷代《孔子家語》的流傳與研究〉，收入楊朝明編：《孔子家語》通解（臺北：萬卷樓，2005 年），頁 593～605。王政之：〈出土文獻與《孔子家語》研究述評〉，收入楊朝明編：《孔子家語》通解（臺北：萬卷樓，2005 年），頁 606～618。孫海輝：《孔子家語》成書問題考辨〉，收入楊朝明編：《孔子家語》通解（臺北：萬卷樓，2005 年），頁 619～631。陳劍、黃海烈：〈論《禮記》與《孔子家語》的關係〉，《古籍整理研究學刊》2005 年 7 月，第 4 期，頁 59～64。化濤：《清代《孔子家語》研究綜述》（曲阜：曲阜師範大學碩士論文，2006 年）。王政之：《王肅《孔子家語》注研究》（曲阜：曲阜師範大學碩士論文，2006 年）。

爲今本。例如以《儒家者言》或《民之父母》爲基礎，試圖說明此類之出土文獻爲《家語》之古本。

第二，以〈漢志〉所著錄《家語》之二十七卷本爲古本，而試圖將《家語‧後序》中，所謂《家語》作爲孔氏家傳之本且流傳至今者，視爲今本。

第三，以〈漢志〉之二十七卷本《家語》爲古本，而試圖將〈隋志〉之二十一卷本及〈舊唐志〉之十卷本，視爲今本。此乃針對唐顏師古（581～645）於〈漢志〉「《孔子家語》二十七卷」下，注云「非今所有《家語》」一句，而加以衍生之問題。

大致而言，涉及古今二本之相關研究者，如化濤〈歷代《孔子家語》的流傳與研究〉、孫海輝：《孔子家語》成書問題考辨〉、謝明憲〈「今《家語》」與「古《家語》」——《家語》在變動中的文獻意義〉、寧鎮疆〈英藏敦煌本《孔子家語》的初步研究〉、〈《孔子家語》佚文獻疑及辨證〉等數篇論文即是。

化濤〈歷代《孔子家語》的流傳與研究〉一文，主要涉及在第二、三個面向。以第二個面向而言，此文認爲漢時同時存在〈漢志〉所著錄之古本，與孔安國家傳之今本。然而，〈漢志〉所著錄者，乃由劉向將得自孔安國所獻之《家語》，加以充實、豐富和更改章節，但兩者之內容大致相同。至於王肅所得自孔猛之《家語》，即爲孔安國所傳之本。其次，就第三面向而言，此文以爲〈漢志〉、〈隋志〉兩者著錄卷數之所以不同，乃〈漢志〉著錄者爲官本《家語》，而〈隋志〉所著錄者爲王肅所得孔安國家傳之本，此本由王肅整理並注解之後，卷數已與〈漢志〉之著錄不同。至於〈隋志〉、〈舊唐志〉卷數著錄之所以不同，皆非《家語》眞有古今二本，乃〈隋志〉著錄之《家語》，兼有王注，以及在卷數上已有所合併而已。

孫海輝〈《孔子家語》成書問題考辨〉一文，所涉及之面向爲第二部分。此文以爲《家語》於漢時只有孔安國所傳之本，〈漢志〉所著錄者即爲孔安國本，兩本並無差異。然而，〈漢志〉所著錄者，逐漸湮沒無聞，或爲二戴禮所摘錄，而孔安國則以家傳方式，將《家語》傳至孔猛，而由王肅所得。總言之，《家語》並無另一官本存在，自始至終即爲家傳典籍，而王肅所得者亦即此本。

謝明憲〈「今《家語》」與「古《家語》」——《家語》在變動中的文獻意義〉一文，所涉及者爲第三個面向。其文主要論述顏師古所見《家語》，並非兩唐志著錄之十卷本，應與〈隋志〉著錄之二十一卷本、敦煌殘卷鈔本兩者

略近。其論點主要依據敦煌殘卷鈔本，存〈郊問〉十二行及〈五行解〉全，且〈五行解〉有篇題作「〈五行解〉第卅」，並於此篇末題「《家語》卷十」之後不續鈔而留白，則知〈五行解〉第卅爲卷十之末，然今本《家語》惟有十卷四十四篇，則敦煌殘卷鈔本恐非十卷本，而兩唐志所著錄之十卷本（亦即清人據以論斷顏師古所據之本），顏師古於貞觀時並未見及，乃後來二十一卷本錯亂所致。

　　寧鎮疆〈英藏敦煌本《孔子家語》的初步研究〉、〈《孔子家語》佚文獻疑及辨證〉二文，所涉及者爲亦爲第三個面向。前文於「敦煌殘卷鈔本之《家語》，應爲〈隋志〉著錄之二十一卷本」一點，與謝文之主張無異。然於此點上，寧文則進步主張〈隋志〉所著錄之二十一卷本（敦煌殘卷鈔本），與兩唐志著錄之十卷本，並非有篇數減少或結構性損壞之情形存在，乃分篇隸卷之多寡不同所致。此外，又以王仁俊所輯《家語》佚文惟有三條此一現象，並據其私下統計唐時《家語》佚文不多之現象，因而認爲唐、宋二朝之《家語》傳本應爲一致。至於後文則可視爲前文之詳細論證，針對王仁俊所輯《家語》之佚文三條，與程金造所指出之《家語》佚文作逐條考論，提出眞正爲《家語》之佚文者並不多見。然而，仍有些許之佚文存在，並以《史記集解》爲例，指出六朝時尚可見及之王注，於唐後多已亡佚。因此，六朝至隋唐之際，《家語》（尤其是王注部分）變化可能較大。〔註30〕

（三）「孔老（儒道）關係研究」

　　孔老（或儒道）關係，一直爲學術史上之重大議題。郭店楚簡等相關文獻出土以來，此議題更受人關注，而《家語》中本亦存在孔子與老子問答之相關記載，近來亦有開始關注者，如那薇〈《孔子家語》中儒道兼綜的傾向〉、朱淵清〈《金人銘》研究——兼及《孔子家語》編定諸問題〉、孫海輝〈孔子與老子關係——以《孔子家語》爲中心〉等數篇論文即是。

〔註30〕上述相關論文請參閱化濤：〈歷代《孔子家語》的流傳與研究〉，收入楊朝明編：《《孔子家語》通解》（臺北：萬卷樓，2005 年），頁 593～605。孫海輝：〈《孔子家語》成書問題考辨〉，收入楊朝明編：《《孔子家語》通解》（臺北：萬卷樓，2005 年），頁 619～631。謝明憲：〈「今《家語》」與「古《家語》」——《家語》在變動中的文獻意義〉，《清華中文學林》2005 年 4 月，第 1 期，頁 17～32。寧鎮疆：〈英藏敦煌寫本《孔子家語》的初步研究〉，《故宮博物院院刊》2006 年，第 2 期總第 124 期，頁 135～140。寧鎮疆：〈《孔子家語》佚文獻疑及辨證〉，《中國典籍與文化》2006 年，第 4 期，頁 14～19。

那薇〈《孔子家語》中儒道兼綜的傾向〉一文，旨在說明《家語》儒道關係之可信。至於朱淵清〈《金人銘》研究——兼及《孔子家語》編定諸問題〉一文，旨在藉由《家語》所記載之〈金人銘〉，考論此銘最初之形制爲三金人，並各有配搭之銘文，而《太公金匱》則保存了此相關記載，《家語》又加以改造，於是成爲〈觀周〉篇內容之〈金人銘〉。改造此〈金人銘〉者並非荀子，而是與稷下學派之學者有關。此文大致承認《家語・觀周》篇記載之〈金人銘〉與《說苑》之記載較爲原始，並主張可據《家語・觀周》篇之〈金人銘〉記載，考論孔、老關係。

（四）「經學與思想研究」

至於針對《家語》內容進行經學、思想等相關議題作研究者，近年亦逐漸增多。牽涉《家語》之經學、經學史研究者，如伊東倫厚〈孔安國に至るまでの孔氏の家系：《孔子家語》後序と《孔叢子》と《尚書》序〉、朱淵清〈《甘棠》與孔門《詩》傳〉、晁福林〈上博簡〈甘棠〉之論與召公奭史事探析——附論《尚書・召誥》的性質〉、劉彬〈《孔子家語》等書中一段古資料的易學象數發微〉、楊朝明〈《禮記・孔子閑居》與《孔子家語》〉、楊朝明〈讀《孔子家語》札記〉、〈《禮運》成篇與學派屬性等問題〉、陳劍、黃海烈〈論《禮記》與《孔子家語》的關係〉、劉萍《《孔子家語》與孔子弟子研究——以〈弟子行〉和〈七十二弟子解〉爲中心》等，皆有涉及。〔註31〕

〔註31〕 上述諸篇可參閱伊東倫厚：〈孔安國に至るまでの孔氏の家系：《孔子家語》後序と《孔叢子》と《尚書》序と〉，收入日本中國學會創立五十年記念論文集編集小委員會編：《日本中國學會創立五十年記念論文集》（東京：汲古書院，1998 年），頁 179～195。朱淵清：〈《甘棠》與孔門《詩》傳〉，《中國哲學史》2002 年，第 1 期，頁 27～30。晁福林：〈上博簡〈甘棠〉之論與召公奭史事探析——附論《尚書・召誥》的性質〉，《南都學壇》（人文社會科學學報）2003 年 9 月，第 23 卷第 5 期，頁 19～25。劉彬：〈《孔子家語》等書中一段古資料的易學象數發微〉，收入社團法人中華民國易經學會編：《第四屆海峽兩岸青年易學論文發表會大會論文集》（臺北：社團法人中華民國易經學會，2003 年），頁 114～127，又見劉彬：〈《孔子家語・執轡》篇易學象數發微〉，收入黃懷信、李景明編：《儒家文獻研究》（濟南：齊魯書社，2004 年），頁 423～444。楊朝明：〈《禮記・孔子閑居》與《孔子家語》〉，收入謝維揚、朱淵清主編：《新出土文獻與古代文明研究》（上海：上海大學出版社，2004 年），頁 51～55。楊朝明：〈讀《孔子家語》札記〉，收入黃懷信、李景明編：《儒家文獻研究》（濟南：齊魯書社，2004 年），頁 381～402，此篇又見於《文史哲》2006 年，第 4 期總第 295 期，頁 43～51。楊朝明：〈《禮運》成篇與學派屬性等問題〉，《中國文化研究》2005 年，春之卷，頁 24～34。陳劍、黃海

如朱淵清〈《甘棠》與孔門《詩》傳〉、晁福林〈上博簡〈甘棠〉之論與召公奭史事探析——附論《尚書・召誥》的性質〉二文，皆利用《家語》中與〈甘棠〉一詩相關之記載作論述。

又如劉彬〈《孔子家語》等書中一段古資料的易學象數發微〉一文，則針對《家語・執轡》篇子夏論易之資料加以論述，指出此段記載爲早期古象數易之相關資料。

至於楊朝明〈《禮記・孔子閑居》與《孔子家語》〉、〈《禮運》成篇與學派屬性等問題〉、陳劍、黃海烈〈論《禮記》與《孔子家語》的關係〉三文，皆涉及《家語》與《禮記》之關係。楊朝明前文認爲《禮記》之〈孔子閑居〉、〈仲尼燕居〉主要本於《家語》之〈論禮〉、〈問玉〉，但亦有少部分之處爲《家語》約《禮記》之文而成。後文則以〈禮運〉屬於七十二弟子所記之文獻，流傳甚早，然《禮記》所編之〈禮運〉多有問題，需藉由《家語・禮運》篇加以訂正。陳劍、黃海烈〈論《禮記》與《孔子家語》的關係〉一文，則是以爲《禮記》與《家語》之資料，皆源自七十二弟子之記載，起初皆以單篇流傳，而後一部份編入《禮記》之中，一部份則編入《家語》，然《家語》將相關資料編入時，多採用章之形式分解編入，因此造成《禮記》、《家語》中相同之資料，卻有不同之表現形式。

伊東倫厚〈孔安國に至るまでの孔氏の家系：《孔子家語》後序と《孔叢子》と《尚書》序〉一文，主要針對《家語・後序》、《孔叢子》、《尚書・序》、《史記・孔子世家》等所提及孔子至孔安國之間的世系傳承，作相關比對與考論。

至於針對《家語》思想內容展開研究者，如姜贊洙《《孔子家語》研究》一書，分別就《家語》中之「政治思想」、「教育及倫理思想」、「散文成就」各項展開論述。「政治思想」一點，主要突出《家語》著重於「無爲而治」與「戒愼小心」之前提下，特別要求以「德」、「禮」、「法」爲教，並分君王、臣吏又加以論述。君王部分，則應當重視「尊賢」、「賤不肖」、「統御法則」，臣吏部分，則當以「諫臣」、「屈伸」爲指導原則。「教育倫理」一點，指出教

烈：〈論《禮記》與《孔子家語》的關係〉，《古籍整理研究學刊》2005 年 7月，第 4 期，頁 59～64。劉萍：《《孔子家語》與孔子弟子研究——以〈弟子行〉和〈七十二弟子解〉爲中心》（曲阜：曲阜師範大學碩士論文，2006 年）。凡上列數篇研究，皆已涉及《家語》之經學、思想等內涵。

育之目的在於「求『成人』的人格和德行」、「充分發展個人的知能」、「爲了施行善政的需要」、「爲了社會教化的成功」。教育之內容在於「學習源於六經」、「以修身爲行己之本」、「以『忠信』爲治人之本」。孔子之倫理思想一點，則針對「仁義」、「孝親」、「大同」等方向展開敘述。

又如李傳軍〈《孔子家語・致思篇》研究〉一文，藉由《家語・致思》篇及王注部分作觀察，指出〈致思〉篇具有儒法並重之思想，是魏晉時王肅援法入儒思想之重要來源。

再如楊朝明〈《論語》首章與《孔子家語・屈節》篇──孔子政治命運悲劇的兩個詮釋〉與〈《孔子家語・執轡》篇與孔子的治國思想〉二文，旨在敘述孔子之政治思想及理念。前文結合《論語》、《家語》等相關文獻，探討孔子屈節仕人等相關問題。後文則指出〈執轡〉篇中具有「治國需兼有德法、刑罰」、「盛德薄刑」之思想。此外，又針對〈執轡〉與《周禮》六官等相關文獻進行比對，認爲〈執轡〉篇受《周禮》此段影響甚深。〔註32〕

以上「校釋原書」、「僞書考辨與二重證據研究」、「版本概況與流變」、「原文考佚」與「專題研究」五類，爲研究《家語》五大重要方向。以研究成果而言，「校釋原書」與「僞書考辨與二重證據研究」二項，成果最爲突出。「版本概況與流變」、及「原文考佚」二項，雖有一定研究成果，但較前兩項而言，實遠遠不如。至於「專題研究」一項而言，大致於2000年以後，方有較多之成果展現，然較「版本概況與流變」、及「原文考佚」二項而言，則其成果則又較多。

以上五大研究議題，雖各有成果，然而各項中亦遺留下不少問題可供開拓，下章即轉論此點。

〔註32〕此類相關研究可參閱姜贊洙：《《孔子家語》研究》（臺北：政治大學中國文學系碩士論文，2000年）。王連生：〈從《孔子家語》看孔子思想價值的嬗變〉，《遼寧師範大學學報》（社科版）1997年，第1期，頁54～57。李傳軍：〈《孔子家語・致思篇》研究〉，《岱宗學刊》2000年，第4期，頁44～47。楊朝明：〈《論語》首章與《孔子家語・屈節》篇──孔子政治命運悲劇的兩個詮釋〉，收入黃懷信、李景明編：《儒家文獻研究》（濟南：齊魯書社，2004年），頁11～26。楊朝明：〈《孔子家語・執轡》篇與孔子的治國思想〉，收入楊朝明、修建軍編：《孔子與孔門弟子研究》（濟南：齊魯書社，2004年），頁211～232。楊朝明：〈《孔子家語・顏回》篇與「顏氏之儒」〉，收入楊朝明、修建軍編：《孔子與孔門弟子研究》（濟南：齊魯書社，2004年），頁408～418。

第二章　五大研究面向可開拓之空間及研究程序

第一節　五大研究面向所遺留或尚可開拓之空間

一、校釋原書方面——匯校、集注研究亟度缺乏

　　無論傳統學者或近代海內外學者，於《家語》之校釋研究上，實已相當豐富。據第一章第二節中「【表 1-1】歷代校釋《家語》著作一覽表」、「【表1-2】歷代校釋《家語》所據注本一覽表」、「【表 1-3】其它校勘《家語》相關著作一覽表」、「【表 1-4】近代學者校釋《家語》一覽表」、「【表 1-5】日人校釋《家語》相關著作一覽表 1」、「【表 1-6】日人校釋《家語》相關著作一覽表 2」數表稍作觀察，可知《家語》之注釋、校勘等相關成果已頗為可觀，皆可不言而喻。然此非謂校釋《家語》之相關研究已告竣工，反之，校釋《家語》之工作已將轉入另一層次。此層次即為應當針對《家語》進行匯校、集注與集釋。〔註1〕進行此項研究，有其雙重意義存在：

　　其一，可為《家語》尋出一善本。若能善加利用前人之校刊成果，或利用各種《家語》版本加以匯校，使《家語》成為善本共學者取用，則其所具之價值將會更高。〔註2〕以第一章之文獻回顧中可知，真正利用多種版本進行

〔註1〕清張弨《家語集註》一書，實已開集注《家語》之先例。然此本為作者手稿本，藏於國家圖書館中，未能流通與普及，故其價值有限。

〔註2〕金鎬指出關於《家語》最迫切之研究，在於利用各種不同版本進行校刊，為《家語》得出一善本，亦即：「我們研究《家語》的版本問題，其主要目的，

校刊者，惟有楊儁中〈《孔子家語・七十二弟子解》考校〉一文，觀察其所參校之版本，已多達十餘種，若未來能依循此例，進行《家語》一書之考校，則成果將更為可觀。

其二，集注或集釋《家語》，可使《家語》具有多重參考價值，且可供研究者即刻掌握《家語》各章各句之相關解釋。此一研究甚為迫切，然至今尚未出現具有規模之著作，反觀與《家語》關係密切之《禮記》、《大戴禮記》、《說苑》、《新序》、《韓詩外傳》等書，皆已有集注、集釋等相關研究成果出現，故《家語》於在此項研究上，仍亟待研究者加以開拓。

二、偽書考辨與二重證據研究方面——出土文獻與《家語》之成書缺乏論述

以偽書考辨與二重研究之議題而言，前文已分為清代以前與民國以後兩種不同階段。以清代以前之研究而言，偽書考辨所當涉及之焦點，亟少學者深入研究，故相關之歸納與分析亦相形見少，且未形成一系統化之論述。

再以民國以後之研究而言，即使以二重證據研究《家語》之成果，已有一定數量，但相關研究重點，仍然在於簡牘文獻與《家語》之差異，絕少論及簡牘文獻與《家語》之成書過程。因此，藉由簡牘文獻，觀察《家語》之成書過程，極為必要。

三、版本流變方面——版本著錄可再進行整合

研究《家語》版本者，惟山城喜憲、金鎬在此議題上有所開展。山城喜憲於著錄日本現存《家語》之版本最詳，但於中國現有館藏《家語》版本，或有未及者，如中國國家圖書館藏明張運泰、明余元熹匯評之《孔子家語》〔註3〕

不外是找出各版本之間的關係，而且進一步找出『善本』。所謂『善本』，指的是在眾多《家語》版本中最完整的本子，從這種角度來看，前人已經把較好的《家語》的本子影印問世而提供給研究者，例如《四部叢刊》本、《四部備要》本（即黃魯曾「仿宋本」）和《中國子學名著集成》（即「影宋蜀本」）等。但是，需要說明的是，這些本子尚未經過較好的校勘，所以並不能說是善本。這種現象當然影響到有關《家語》的研究成果，因此筆者認為，《家語》一書確實需要這種校勘工作，尤其是利用各種不同版本來進行對校的工作，是目前最迫切需要的。」見金鎬：〈《孔子家語》版本源流考略〉，頁 194～195。

〔註3〕〔明〕張運泰、〔明〕余元熹匯評：《孔子家語》（清刻本，今藏中國國家圖書館）。

及清孔毓圻編正、清孔毓埏等校訂《孔子家語》〔註4〕等,則未能著錄。

再者,傳統著作中,亦有及於版本之研究者。然其著作形式,主要以校刊記方式呈現,例如中國國家圖書館藏佚名撰《東洋太宰純注本校影宋《家語》異同記》、嚴修《家語校勘記》〔註5〕等,限於「版本」知見體例,則亦未能著錄。

版本之知見與著錄,為五大研究議題上最為耗時費力,且往往受於館藏地之限制,未易於求全。然山城喜憲著錄《家語》之版本項目,於體例上甚為詳盡,並兼有校刊之功,深具文獻價值,故學者實可依據此例,將山城喜憲未見之版本,尤以中、韓等國家所藏之《家語》版本、單篇校刊記等相關資料,加以增補著錄作一整合,則可為學者研究《家語》,提供一快速之門徑。

四、原文考佚方面——原文存佚缺乏整體考察

清孫志祖及程金造、寧鎮疆等人,已於《家語》之佚文研究議題上有所開展。然孫志祖止於考佚,程金造則兼考存佚,寧鎮疆則又針對孫、程二人所輯考之佚文進行檢討。其中程金造兼考存佚之方式,體例甚佳。蓋《家語》雖未曾亡佚,然典籍傳刻既久,加以《家語》又有「〈漢志〉二十七卷」、「〈隋志〉二十一卷」、「〈兩唐志〉十卷」之著錄差異,故單有考佚仍然不足,存佚兼考,方能呈現《家語》文獻內容在傳鈔之際產生何種變化。再者,《家語》並無唐時鈔本流傳,兼考存佚者,則約略能得知《家語》於唐時之文本內容。

然程書旨在考核唐司馬貞《索隱》所引之文,於今時之存佚為何,而非專對《家語》一書,因此所核對《家語》之文,亦限於《索隱》所引及者。至於寧鎮疆〈英藏敦煌本《孔子家語》的初步研究〉、〈《孔子家語》佚文獻疑及辨證〉二文,尤其後文於孫、程二家所謂之佚文,皆有所考定,並指兩者所謂之佚文,實非全然皆為佚文,乃學者引及《家語》時,以節引、暗引之方式導致,或有程金造考核未精,原非佚文而誤認佚文者亦有之。因此,所謂真正之佚文當在少數,可謂有所發明。

然就孫、程二人所輯而言,其實並非全面性之考佚。前者乃讀書時所過

〔註4〕 〔清〕孔毓圻編正、〔清〕孔毓埏等校訂:《孔子家語》(清刻本,今藏中國天津圖書館)。

〔註5〕 佚名:《東洋太宰純注本校影宋《家語》異同記》(稿本,今藏中國國家圖書館)。嚴修:《《家語》校勘記》(民國元年至9年(1912~1920)稿本,今藏中國天津圖書館)。

錄，後者取材限於《索隱》，實無法全面反映出《家語》究竟存在著多少佚文。
再者，觀孫志祖所收之佚文，實仍有遺漏。今檢《周禮・大宗伯》疏云：

> 至魏明帝時詔令王肅議六宗取《家語》：宰我問六宗，孔子曰：「所
> 宗者六，埋少牢於大昭祭時，相近於坎壇，祭寒暑，王宮祭日，夜
> 明祭月，幽禜祭星，雩禜祭水旱。」〔註6〕

此條今亦不見於景宋蜀本、四庫全書、四部叢刊本之《家語》，本屬佚文，是
孫志祖之失檢。又案孫志祖《家語佚文》第三條《列子・湯問》張湛注云：

> 鯤魚，其大盈車。〔註7〕

今此句不見於《家語》，故孫志祖視爲《家語》佚文，而寧鎮疆〈《孔子家語》
佚文獻疑及辨證〉云：

> 今遍檢《家語》及王肅注，於「盈車」之魚，的確未見。不過，今
> 《家語・曲節解》有云：「漁者曰：『魚之大者名爲鱒，吾大夫愛之；
> 其小者名爲鱦，吾大夫欲長之』」此與張注相近。不過，即使此條確
> 爲今本《家語》佚文，那也不是由於「二十一卷」到「十卷」這樣
> 的篇卷刊落所致。〔註8〕

然就此條佚文而言，今景宋蜀本、四庫全書本、四部叢刊本確實未見，若檢
《孔叢子》一書，於〈論書〉篇云：

> 宰我曰：敢問「禋于六宗」何謂也？孔子曰：「所宗者六，皆潔祀之
> 也。埋少牢於太昭，所以祭時也；祖迎於坎壇，所以祭寒暑也；主
> 於郊宮，所以祭日也；夜明所以祭月也；幽禜所以祭星也；雩禜所
> 以祭水旱也。『禋於六宗』。此之謂也。」〔註9〕

是知《周禮・大宗伯》疏引《家語》六宗佚文，於《孔叢子》中不佚，然此
非巧合，今又檢《孔叢子・抗志》篇云：

> 子思居衛。衛人釣於河，得鰥魚焉，其大盈車。子思問之曰：「鰥魚，
> 魚之難得者也，子果何得之？」〔註10〕

〔註6〕〔漢〕鄭玄注、〔唐〕賈公彥疏：《周禮・大宗伯》「以禋至雨師」疏，卷18，
　　　總頁272b。

〔註7〕〔清〕孫志祖：《讀書脞錄》（臺北：廣文書局，1963年），卷4，「家語佚文」
　　　條，頁16。

〔註8〕寧鎮疆：〈《孔子家語》佚文獻疑及辨證〉，頁16。

〔註9〕〔宋〕宋咸注：《孔叢子・論書》，（臺北：臺灣商務印書館，1988年），頁9
　　　～10。

〔註10〕同前註，〈抗志〉，頁54。

是知此張湛注引《家語》之佚文，又於《孔叢子》不佚。於此觀之，此二條佚文，皆於今本《孔叢子》可尋及相同之文。除《周禮·大宗伯》疏略有改寫外，〈抗志〉篇與張湛所引全合，此又隱隱透露《家語》與《孔叢子》一書，於魏晉隋唐之際關係甚爲密切。

因此，孫志祖《家語》之佚文，並未眞正輯畢，重新審視《家語》佚文，及《家語》與《孔叢子》二書之關係，甚爲重要。若能以程金造兼考《家語》存佚之方式，觀察《家語》一書在魏晉至隋唐時期呈現出何種面貌，亦不失爲一可行之開拓空間。

五、專題研究方面——亟需更多元且深入研究

《家語》之所以能展開各項專題研究，實歸功於出土文獻。由於出土文獻，遂使近來學者於《家語》一書上，有更多重新審視與研究之機會。然而，若將《家語》與其他關係密切之傳世文獻相較，如《大戴禮記》、《禮記》、《說苑》、《韓詩外傳》諸書，則《家語》於專題研究上，實仍屬於新生之階段。即就本專題所分如「流傳史」、「古今二本」、「孔老關係」、「經學與思想內涵」四項者，亦仍有深入者研究之空間。

就「流傳史」一項而言，前述已指出《家語》於流傳過程中，可大致分爲三個階段，一爲先秦兩漢《家語》流傳情形，一爲魏晉至兩宋時期，以王注獨傳時期，一爲元明清時期，以二王一何三注並行爲主。若以研究焦點而言，學者多集中論述《家語》於先秦兩漢之流傳情形，所據亦多以〈後序〉爲主。至於魏晉至兩宋時期《家語》王注之流傳情形，以及元明清之際《家語》二王、一何相關注本之研究，則頗缺於論述。

「古今二本」研究一項，則尚未形成一較具系統之整理。尤其《家語》一書之古今二本等相關問題，實可依年代分爲三個面向做深入探討。然此部分之探討，除少數篇章引及出土資料，及做深入論述外，其餘多只就〈後序〉、〈漢志〉、〈舊唐志〉、〈新唐志〉所提及之相關資料進行簡要敘述者，且多混淆此三個面向。

「孔老（儒道關係）」一項，實學術史上之重要一環，然此項於《家語》研究中，頗多缺乏。因此，在此議題上，可結合相關出土文獻中與儒道融合有關者，或重新審視此書中所呈現之儒道關係爲何，皆爲可行之方向。

就「經學與思想內涵」一項而言，由於《家語》既牽涉鄭玄、王肅之爭，

又涉及王肅作僞之論，因此傳統學者對此書內所記載之經學、思想相關內涵，多持保留意見。然今相關文獻出土，對於《家語》一書，已有重新審視之機會，雖然《家語》書中相關經學、思想之內涵，尚未完全展開，然諸如《家語》與《論語》、《荀子》、《大戴禮記》、《小戴禮記》之關係，及《家語》之經學與思想內涵，與現今所理解之先秦儒家有何差異，仍然有相當程度之空間，可加以研究。

第二節　研究程序

一、議題擇定

　　就上述《家語》五大研究議題而言，其所遺留之各項問題，及其可開展之方向中，「匯校、集注」、「版本著錄與整合」等相關研究，受限於地域及時間因素，極難於撰寫碩論中完成。

　　至於「專題研究」之「孔老（儒道）關係」、二議題，前者需結合《家語》外之先秦儒家、道家相關典籍，所牽涉《家語》以外之相關材料較廣，因此今未能涉及。至於「經學與思想內涵研究」一議題，則又涉及兩漢魏晉以降之學術史，不僅需對鄭、王之爭有一定程度之掌握，且《家語》一書，又與《論語》、《大戴禮》、《禮記》、《荀子》等書密切，因此對以上諸書有一定程度之瞭解與掌握，方能眞正觀察出《家語》於經學、思想之特異處。因此，其所待整合之領域更廣，今亦未能涉足。

　　「僞書考辨與二重證據研究」、「原文考佚」二議題，及「專題研究」議題下之「古今二本」一議題，皆非本論文之旨趣，期能以後繼續拓展。

　　大凡而言，《家語》一書之流傳史，前述已謂可分爲三個重要時期，一爲先秦兩漢時期，一爲魏晉南北朝至兩宋時期，一爲元明清時期。

　　就先秦兩漢時期《家語》之流傳情形，所憑藉之資料極少，大抵上以《家語‧後敘》一文爲主，即使有阜陽漢簡、定縣漢簡等出土文獻可供佐助，然此時期《家語》之流傳研究，仍舊處於「建構」《家語》流傳情形爲主。

　　至於魏晉至兩宋時期，《家語》之流傳情況，較先秦兩漢時期明朗。此一時期以王注獨傳爲主，並爲僞書說形成之重要階段。

　　元明清以後，又有元王廣謀、明何孟春二注爲代表，然此二注之外又有

其它相關重要著作，專門針對《家語》作研究者，此又與前二階段明顯不同，實可視爲《家語》學之形成時期。

此三階段之中，本論文所涉及者爲第一、二階段。蓋第三階段之《家語》流傳，所涉及《家語》王肅以外之其他注本資料，遠較第一階段複雜。而就第二階段而言，所涉及者惟有王肅注本，取材較爲單純。就第一階段而言，由於出土文獻之輔助，因此《家語》於先秦兩漢之流傳過程，已出現新資料可供研究，故選取此階段有其必要性與價值所在。就第二階段而言，爲《家語》自王肅始傳後直至南宋王柏〈家語攷〉之前，僞書說形成與定型之重要階段，是以選取此階段作爲論述核心，亦有其必要性與價值所在。故本論文以此二階段爲論述核心，至於第三階段元明清時期《家語》之流傳情形，則留待將來。

二、研究範圍

本論文所欲探討宋以前《家語》之流傳者，包含「源」與「流」兩個層次，然皆可涵蓋「流傳」一詞之中。以「流傳史」之研究而言，應包含以下二項範圍：

其一，編撰者與初次成書過程之探討，此亦包含文本之初步聚集、刪削等相關編定程序。

其二，探討此書之傳授、流佈及相關研究者，亦即此書在編定之後，以何種方式傳授、流佈，而研究者又如何取材於此，以作其他學術用途，或針對此書進行再次的編定、注解或其他文本性的相關研究。

本論文於此二面向皆有所涉及，然於第二點「研究者又如何取材於此，以作其他學術用途，或針對此書進行再次的編定、注解或其他文本性的相關研究」一項中，有關學術、思想層面之敘述，將無法顧及。此一方面牽涉鄭玄、王肅之爭，另一方面又牽涉《家語》流傳上之第三階段，因此，暫割棄而不涉及。換言之，本論文於《家語》一書之經學內容，與鄭玄、王肅爭論之經學相關者，皆不深入涉及。

三、研究方法

本論文第一章爲「《家語》研究文獻回顧」、第二章爲「五大議題可開拓之空間及研究程序」，此二章主要以廣泛收集《家語》相關研究與資料爲主，並加以進步歸納、分析《家語》之研究議題。其次，於歸納、分析後再針對

此項結果，深入敘述仍可繼續發展或開闊之空間。

第三章為「秦漢之際《家語》之編成與流傳考述」，此章乃就《家語》流傳史上之第一階段為探討核心。主要以《家語‧後序》與上博簡、阜陽漢簡、定縣漢簡等相關資料，藉由繫年方式，交叉比對並重建《家語》之流傳過程。此外，透過二重證據研究，觀察簡牘文獻至《家語》成書時，產生何種差異。其三，利用《家語》書中漢代帝諱字及避諱改字等現象，論述《家語》於兩漢時期之流傳情形為何。

第四章至第六章乃就《家語》流傳史上的第二階段為探討核心。第四章為「魏晉南北朝時期《家語》流傳考述」，此章首就《家語》自肅始傳過程，及當時學者之看法加以考證，主要方式則以引書考為主。所謂引書考之方式乃透過觀察時人引用《家語》一書時，所展現出對此書之態度為何，加以釐清時人是否視此書為偽書？其次，則輔以觀察相關史料中，明白指出對《家語》一書之看法者。此外，透過王肅注解《家語》方式之歸納與分析，並釐清其注解時所採取之態度為何，可說明王肅注解《家語》時，本身已然有預設立場，致使《家語》一書無法於鄭王之爭中勝出。

第五章為「隋唐時期《家語》流傳考述」、第六章為「兩宋時期《家語》流傳考述」，兩章主要之研究方法，仍然以引書考方式為主。惟第五章中，加以觀察唐代禮制及文化建設中，所引及或援引《家語》者，釐清《家語》一書實於唐代之禮制與文化建設中，扮演一種要之角色，與偽書說差距甚遠。第六章中，則加以觀察《家語》偽書說之認定方法上，有其盲點之處。

然而，第四、第五、第六章方面，雖主要以「引書考」方式，收集魏晉南北朝時期、隋唐時期、兩宋時期，引及《家語》之經史子集等相關著作，藉由分析其引用注書，或隻字片語之中，所顯示出對《家語》之看法。惟「魏晉南北朝時期」、「隋唐時期」由於徵引《家語》者所存不多，故能盡數掌握，因此旨在求全。至於「兩宋時期」由於文獻漸多，未能一一徵引，則旨在觀察重要之著作與有關直接明顯表態對《家語》之看法者為主。

第七章則為結論。

第三章 秦漢之際《家語》之編成與流傳考述

第一節 《家語・後序》內容提要

《家語・後序》爲研究先秦兩漢時期,《家語》成書過程與流傳情形之重要憑藉。就此序而言,其內容大致可分爲四個部分,以下就此四部份稍加簡介。

一、敘述先秦時期《家語》之編成、流傳與入秦等過程

〈後序〉起首部分即以追敘方式,敘述《家語》之編成,及如何入秦之經過。其文如下:

> 《孔子家語》者,皆當時公卿士大夫,及七十二弟子之所諮訪交相對問言語者,既而諸弟子各自記其所問焉,與《論語》、《孝經》並時,弟子取其正實而切事者,別出爲《論語》,其餘則都集錄,名之曰《孔子家語》。凡所論辨流判較歸,實自夫子本旨也。屬文下辭,往往頗有浮說,煩而不要者,亦猶七十二子各共敘述首尾,加之潤色,其材或有優劣,故使之然也。孔子既沒而微言絕,七十二弟子終而大義乖。六國之世,儒道分散,遊說之士,各以巧意而爲枝葉,唯孟軻、孫卿守其所習。當秦昭王時,孫卿入秦,昭王從之問儒術。孫卿以孔子之語、及諸國事、七十二弟子之言,凡百餘篇與之,由此,秦悉有焉。始皇之世,李斯焚書,而《孔子家語》與諸子同列,

故不見滅。〔註1〕

〈後序〉此段指出幾項要點：

其一，就此書之內容性質與編定過程而言，《家語》一書乃春秋時期，當時之公卿士大夫與孔子七十二弟子之間，相互諮詢問答之語言，而後各自記錄，與《論語》、《孝經》之材料同時，群弟子從其中之記錄，取出「正實而切事」者，編成《論語》，其餘皆集錄成《家語》。

其二，就此書之文辭而言，乃成於七十二弟子眾人之手，因此屬文下辭，往往「煩而不要」。然若不論其文辭，其內容仍為孔子原本旨意。

其三，就此書之傳習過程而言，此序未言及春秋時傳習者為何人。入戰國後，此序提及孟子、荀子二人守其所習，然未云孟軻、荀卿所習者是否即為此書，而下段言及荀子將此書與其它儒家相關文獻攜入秦國，則此處言荀卿守其所習，至少一部份當有此書，而孟軻所習者是否有此書，則並不清楚。

其四，就此書入秦之經過而言，乃荀卿入秦答昭王之問儒術時，贈與秦國，其中計有「孔子之語」、「諸國事」、「七十二弟子之言」等相關文獻，但未提及《家語》，然觀下段所言，則《家語》一書，當為此三者之「孔子之語」。

其五，就此書之所以避開焚書之列而言，〈後序〉指出由於此書與諸子同列，不在始皇所欲焚燒之典籍內，故能保存於秦朝。

二、敘述《家語》由秦入漢後之流傳與孔安國得書過程

《家語》既能於秦時不列於焚書之目，遂能於秦國時保存下來，而後方能流傳入漢。〈後序〉續云：

> 高祖剋秦，悉斂得之，皆載於二尺竹簡，多有古文字。及呂氏專漢，取歸藏之。其後被誅亡，而《孔子家語》乃散在人間，好事亦各以意增損其言，故使同是一事而輒異辭。
>
> 孝景皇帝末年募求天下禮書，于時士大夫皆送官。得呂氏之所傳《孔子家語》而與諸國事、及七十二子辭，妄相錯雜，不可得知，以付掌書，與《曲禮》眾篇亂簡合而藏之祕府。
>
> 元封之時，吾仕京師，竊懼先人之典辭，將遂泯滅，於是因諸公、卿士大夫，私以人事募求其副，悉得之，乃以事類相次，撰集為四

〔註 1〕〔魏〕王肅注：《孔子家語·後序》，卷10，頁23～24。

十四篇。又有〈曾子問禮〉一篇，自別屬《曾子問》，故不復錄。其諸弟子書，所稱引孔子之言者，本不存乎《家語》，亦以其已自有所傳也，是以皆不取也，將來君子不可不鑑。〔註2〕

〈後序〉此段大致有以下幾項要點：

其一，就此書之入漢過程而言，〈後序〉指出楚漢之爭時，高祖先入咸陽，於是悉得上述所謂「孔子之語」、「諸國事」、「七十二弟子言」，凡此皆記載於二尺竹簡，且多有古文字。

其二，就入漢後首次流入民間之過程言，此書本藏於漢朝祕府之中，呂氏專權時取歸藏之。至諸呂伏誅後，《家語》一書遂因此而流散民間，好事之徒得之後，遂各以其意而增損之，於是造成一事異辭之現象。

其三，就此書由民間重回漢朝祕府之過程而言，由於漢景帝時募求天下禮書，凡獻禮書者皆可得官，於是此書又重回漢廷之中，然已與「諸國事」、「七十二弟子之辭」錯雜，又與《曲禮》諸篇亂簡而藏於祕府。

其四，就孔安國得此書之過程而言，乃由於漢武帝元封時，孔安國仕於京師，懼先人典籍泯滅，於是請託公卿大夫，私以人事而摹得副本，並重新撰次四十四篇，而後定為《孔子家語》。此外，並提及〈曾子問禮〉一篇乃屬《曾子問》，故不錄進《家語》之中，而其它諸弟子書中，有關孔子之言論，本已不存於《家語》之中，且各自有所傳承，因此亦不錄進《家語》。

三、敘述孔安國之世系

此段之後，旋即敘述孔子至孔安國間之世系情形，其文如下：

孔安國字子國，孔子十二世孫也。孔子生伯魚，魚生子思，名伋，伋常遭困于宋，作《中庸》之書四十七篇，以述聖祖之業。授弟子孟軻之徒數百人，年六十二而卒。子思生子上，名白，年四十七而卒。自叔梁紇始出妻，及伯魚亦出妻，至子思又出妻，故稱孔氏三世出妻。子上生子家，名傲，後名永，年四十五而卒。子家生子直，名楬，年四十六而卒。子直生子高，名穿，亦著儒家語十二篇名曰《讕言》，年五十七而卒。子高生武，字子順，名微，後名斌，為魏文王相，年五十七而卒。子武生子魚，名鮒，及子襄名騰、子文名

祔，子魚後名甲，子襄以好經書博學，畏秦灋峻急，乃壁藏其《家語》、《孝經》、《尚書》及《論語》於夫子之舊堂壁中。子魚爲陳王涉博士太師，卒陳下，生元路，一字元生，名育後名隨，子文生取，字子產，子產後從高祖以左司馬將軍，從韓信破楚於垓下，以功封蓼侯，年五十三而卒，諡曰夷侯。長子減嗣，官至太常次子。襄字子士，後名讓，爲孝惠皇帝博士，遷長沙王太傅，年五十七而卒。生季中名員，年五十七而卒。生武及子國，子國少學《詩》於申公，受《尚書》於伏生，長則博覽經傳，問無常師，年四十爲諫議大夫，遷侍中博士。天漢後，魯恭王壞夫子故宅，得壁中《詩》、《書》，悉以歸子國，子國乃考論古今文字，撰眾師之義爲古文《論語》訓十一篇，《孝經傳》二篇，《尚書》傳五十八篇，皆所得壁中科斗本也。又集錄《孔氏家語》爲四十四篇，既成，會值巫蠱事，寢不施行。子國由博士爲臨淮太守，在官六年，以病免，年六十卒于家。〔註3〕

就此段而言，有以下幾項要點：

其一，提及孔子至孔安國世系，及各世系中先祖之名字與簡略傳記。〔註4〕

其二，提及藏書壁中者爲「孔騰」（字子襄），此說與一般認爲藏書壁中者爲孔鮒之說不同。

其三，略微提及孔安國編次《孔子家語》一事，並敘及孔安國卒於六十歲，死前任臨淮太守。

四、孔衍奏書朝廷欲使《家語》立於學官

上述爲〈後序〉追述孔子至孔安國之世系，旋後即有孔衍上奏之言：

其後，孝成皇帝詔光祿大夫劉向校定眾書，都記錄名古今文《書》、《論語》別錄。子國孫衍爲博士，上書辯之曰：「臣聞明王不掩人之功，大聖不遺人小善，所以能其明聖也。陛下發明詔，諮羣儒，集天下書籍，無言不悉，命通才大夫，校定其義，使遐載之文，

〔註3〕〔魏〕王肅注：《孔子家語・後序》，卷10，頁25～26。

〔註4〕〈後序〉中所敘述孔安國之世系與其他相關記載略有不同，可參閱伊東倫厚：〈孔安國に至るまでの孔氏の家系：《孔子家語》後序と《孔叢子》と《尚書》序〉，收入日本中國學會創立五十年記念論文集編集小委員會編：《日本中國學會創立五十年記念論文集》（東京：汲古書院，1998年），頁179～195。

以大著於今日，立言之士，垂於不朽，此則蹈明王之軌，遵大聖之風者也。雖唐帝之煥然，周王之彧彧，未若斯之極也。故述作之士，莫不樂測大倫焉。臣祖故臨淮太守安國，建仕於孝武皇帝之世，以經學為名，以儒雅為官，讚明道義，見稱前朝，時魯恭王壞孔子故宅，得古文科斗《尚書》、《孝經》、《論語》，世人莫有能言者，安國為之今文讀而訓傳其義，又撰《孔子家語》，既畢，會值巫蠱事起，遂各廢不行于時。然其典雅正實，與世所傳者，不同日而論也。光祿大夫向以為其時所未施之，故《尚書》則不記於《別錄》，《論語》則不使名家也，臣竊惜之。且百家章句，無不畢記，況《孔子家語》古文正實，而疑之哉？又戴聖近世小儒，以《曲禮》不足，而乃取《孔子家語》雜亂者，及子思、孟軻、孫卿之書以禆益之，總名曰《禮記》，今尚見其已在《禮記》者，則便除《家語》之本篇，是減其原而存其末，不亦難乎？臣之愚以為宜如此為例，皆記錄別見，故敢冒昧以聞。」

奏上。

天子許之，未即論定，而遇帝崩，向又病亡，遂不果立。〔註5〕

就此段而言，有以下幾項要點：

其一，孔衍上奏漢成帝欲將古文《尚書》、《論語》及《孔子家語》諸書，列入《別錄》之中。孔衍以為古文《尚書》、《論語》及《孔子家語》諸書，一則經過孔安國之訓讀傳義，一則其內容為「典雅正實，與世所傳者」，不可同日而較。然由於正值巫蠱之禍，於是孔安國所整理之諸書，遂廢而不行。劉向又以諸書施行未廣，於是使古文《尚書》不入《別錄》，《論語》則不使名家。

其二，提及戴聖所編之《禮記》，乃從《家語》、《子思》、《孟子》、《荀子》諸書雜取而成，又將《禮記》重見於《家語》者，加以減除。

就〈後序〉四段而言，舊稱第一、第二段為孔安國所序，而第四段為孔衍所序。至於第三段敘及孔安國之世系，與第一、二、四段之文體頗不類似，極有可能為補注之文，欲於此二段之敘述結束後，注明孔安國之世系及其學術為何，應與第四段開頭之「其後，孝成皇帝詔光祿大夫劉向校定眾書，都

〔註5〕　〔魏〕王肅注：《孔子家語‧後序》，卷10，頁26～28。

記錄名古今文《書》、《論語》別錄。子國孫衍爲博士，上書辯之曰」數句，皆屬補注之語。再者，以第四段孔衍奏文稍作觀察，其稱孔安國時，於一處云「臣祖故臨淮太守安國」，而於另一處云「安國爲之今文讀而訓傳其義」，皆稱安國，然第三段除起始一句「孔安國字子國」不算外，其餘他處凡提及孔安國者皆稱「子國」，與第四段孔衍之奏文不同。復次，《文獻通考·經籍考》中，引及《家語·後序》，惟於第三段缺引，亦說明馬端臨視第三段之性質，當不同於第一、二、三段。

此外，就整篇而言，〈後序〉稱荀子時皆改稱爲「孫卿」，若據顏師古《漢書》注云「孫卿，楚人也，姓荀字況，避漢宣帝之諱，故改曰孫卿」，則知此處改稱「孫卿」，當爲避漢宣帝之諱，則此序第一、二段即使出於孔安國，亦已經由孔衍重新改寫，否則孔安國亡於武帝時，宣帝尚未即位，不需避漢宣帝之名諱而改字。

第二節　《孔子家語》書名之確立

一、《孔子家語》之書名首次出現於〈漢志〉之中

〈後序〉中屢屢提及《家語》一書，然若不論〈後序〉一篇，今最早可見《孔子家語》之書名，當於《漢書·藝文志》「六藝略」之「論語」類中：

《論語古》二十一篇。（出孔子壁中，兩〈子張〉。）

《齊》二十二篇。（多〈問王〉、〈知道〉。）

《魯》二十篇，《傳》十九篇。

《齊說》二十九篇。

《魯夏侯說》二十一篇。

《魯安昌侯說》二十一篇。

《魯王駿說》二十篇。

《燕傳說》三卷。

《議奏》十八篇。（石渠論。）

《孔子家語》二十七卷。

《孔子三朝》七篇。

《孔子徒人圖法》二卷。

凡《論語》十二家，二百二十九篇。

《論語》者，孔子應答弟子時人及弟子相與言而接聞於夫子之語也。當時弟子各有所記。夫子既卒，門人相與輯而論纂，故謂之《論語》。漢興，有齊、魯之說。傳《齊論》者，昌邑中尉王吉、少府宋畸、御史大夫貢禹、尚書令五鹿充宗、膠東庸生，唯王陽名家。傳《魯論語》者，常山都尉龔奮、長信少府夏侯勝、丞相韋賢、魯扶卿、前將軍蕭望之、安昌侯張禹，皆名家。張氏最後而行於世。
〔註6〕

今就〈漢志〉之著錄情形，稍加敘述。《孔子家語》一書，〈漢志〉著錄於「論語類」之中，次於《議奏》十八篇（石渠論）之下。今〈漢志〉著錄「《議奏》（石渠論）」相關者，共有五處：一於「尚書類」著錄「《議奏》四十二篇（宣帝時石渠論）」，二於「禮類」中著錄「議奏三十八篇（石渠）」，三於「春秋類」中著錄「議奏三十九篇（石渠論）」，四於「論語類」中著錄，亦即此段所引者，五於「孝經類」中著錄「《五經雜議》十八篇（石渠論）」。以上所著錄者，為漢宣帝時於石渠閣論經之相關奏議，並隨經論之性質，著錄於各類之中。如無法歸類於何經者或論及諸經者，則著錄於「孝經類」之「五經雜義」之中。《孔子家語》則次於石渠《議奏》之後，而與題名「孔子」相關者之「《孔子徒人圖法》」、「《孔子三朝記》」二書置於同一區塊之首。

〈漢志〉雖出於東漢班固之手，然此中所著錄之書目，本據劉向、劉歆之《別錄》、《七略》而來。依此，向歆父子之《別錄》、《七略》，或許已著錄《孔子家語》一書。蓋〈漢志〉於「凡《論語》十二家，二百二十九篇」之統計數字，並未注明「增」、「出」、「入」、「省」諸字，則〈漢志〉「論語類」中，可能未刪改或增加《別錄》、《七略》「論語類」中之著錄。蓋〈漢志〉於六藝略之各家統計數字之後，有注明「增」、「出」、「入」、「省」諸字者，如「凡《書》九家，四百一十二篇。入劉向〈稽疑〉一篇」、「凡《禮》十三家，五百五十五篇。入《司馬法》一家，百五十五篇」、「凡《樂》六家，百六十五篇。出淮南、劉向等〈琴頌〉七篇」、「凡《春秋》二十三家，九百四十八篇。省《太史公》四篇」、「凡《小學》十家，四十五篇。入揚雄、杜林二家二篇」即是。又如〈漢志〉六藝略之總計，為「凡六藝一百三家，三千一百二十三篇。入三家，一百五十九篇；出重十一篇」，亦有注明「入」、「出」，

〔註6〕〔漢〕班固著、〔唐〕顏師古注：《漢書・藝文志》，卷30，頁1716～1717。

則〈漢志〉「論語類」之統計，未注明「增」、「出」、「入」、「省」者，代表〈漢志〉「論語類」所著錄之各家，應當依循原本之《別錄》、《七略》而來。如此，《孔子家語》或於《別錄》、《七略》之時，已經著錄。

若再參照〈後序〉中記載孔衍所謂「奏上。天子許之，未即論定，而遇帝崩，向又病亡，遂不果立」一段觀之，則《家語》奏上之時，會劉向病亡，則此時《家語》應當未及著錄於《別錄》之中，或於劉歆總其父之業成《七略》時，加以著錄。以劉向所編纂之《別錄》而言，約於成帝河平三年至綏和元年（26B.C.～8B.C.）之間，而劉歆種別為《七略》，約在綏和二年（7B.C.），若《七略》已著錄《家語》一書，則意謂《家語》已經重新編成而回歸於中祕，「孔子家語」之名，亦或於此時已正式著錄於官府之中。然若就〈後序〉孔安國之說而言，則《孔子家語》一書之名於先秦時已經出現，但據相關線索，此一書名極有可能為孔安國以後起之書名，追敘前事所致，以下轉論此點。

二、《孔子家語》命名等相關問題

（一）《孔子家語》可能為後起之名

據〈後序〉中言「《孔子家語》者，皆當時公卿士大夫，及七十二弟子之所諮訪交相對問言語者，既而諸弟子各自記其所問焉，與《論語》、《孝經》並時，弟子取其正實而切事者，別出為《論語》，其餘則都集錄，名之曰《孔子家語》」，則「孔子家語」一書之名，於先秦已有之。

然而，今所存之先秦典籍，並未提及「孔子家語」書名，故有學者指出，「孔子家語」一書之名乃由孔安國所命名，如胡平生於〈阜陽雙古堆漢簡與《孔子家語》〉一文中，即作如此主張。其文主要以〈後序〉中，孔安國所敘述《家語》流傳時，提及「孔子之語」與「孔子家語」二者，雖屬異詞但卻同指一事，進而判定「孔子家語」當為後起之名。蓋孔安國於敘述《家語》之流傳過程中，曾將《孔子家語》敘述為「孔子之語」，而就此「孔子之語」一詞，參照於〈後序〉中其他段落之敘述，當可確定即指「孔子家語」。〔註7〕以下就胡平生此觀點，再稍作論述：〈後序〉起始「《孔子家語》者，皆當時公卿士大夫……」一段，為孔安國說明《孔子家語》一書之編定與命名過程，並指出此書為孔子弟子編成。然於敘述此書之入秦過程時，又云「孫卿以孔

〔註 7〕 參見胡平生：〈阜陽雙古堆漢簡與《孔子家語》〉，頁 523～528。

子之語、及諸國事、七十二弟子之言，凡百餘篇與之，由此，秦悉有焉。始皇之世，李斯焚書，而《孔子家語》與諸子同列，故不見滅」，此處則又改為「孔子之語」，然就此書之語言脈絡而言，皆扣緊《孔子家語》一書，如此處又轉述李斯奏議焚書，而《孔子家語》不在焚書之列即是，故此處之「孔子之語」即為「孔子家語」。其次，〈後序〉又云「得呂氏之所傳《孔子家語》而與諸國事、及七十二子辭，妄相錯雜」，此處之「孔子家語」、「諸國事」、「七十二子辭」與上述之「孔子之語」、「諸國事」、「七十二弟子之言」皆能對應，故「孔子之語」當為「孔子家語」。

若先不論胡平生一文，單就先秦西漢引及與今本《家語》之文有關者觀之，其稱引時仍多以「傳曰」稱之，如同稱引《論語》時亦稱「傳曰」一般。如《荀子・性惡》篇：

> 《傳》曰：「不知其子視其友，不知其君視其左右。」〔註8〕

此傳之內容，見於《家語・六本》篇：

> 子曰：「商也好與賢己者處，賜也好說不若己者。不知其子視其父，不知其人視其友，不知其君視其所使，不知其地視其草木。故曰與善人居，如入芝蘭之室，久而不聞其香，即與之化矣。與不善人居，如入鮑魚之肆，久而不聞其臭，亦與之化矣。丹之所藏者赤，漆之所藏者黑，是以君子必慎其所與處者焉。」〔註9〕

又如《荀子・議兵》篇：

> 傳曰：「威厲而不試，刑錯而不用。」此之謂也。〔註10〕

此句內容亦見於《荀子・宥坐》篇，其文作「《詩》曰：『……天子是庳，卑民不迷。』是以威厲而不試，刑錯而不用，此之謂也」即是。若以上述〈議兵〉篇之「傳曰」一句，參照〈宥坐〉篇之文，可知〈議兵〉之「傳曰」，屬於〈宥坐〉篇之節文，而〈宥坐〉篇之中必有一段屬於較完整之傳類文獻保留於其中。此外，〈議兵〉篇之「傳曰」與上述之〈宥坐〉一段，亦見於《家語・始誅》篇：

> 孔子喟然歎曰：「……《詩》云：『天子是毗，俾民不迷。』是以威

〔註8〕王先謙著，沈嘯寰、王星賢點校：《荀子集解》（北京：中華書局，1997年），頁449。

〔註9〕〔魏〕王肅注：《孔子家語・六本》，卷4，頁8。

〔註10〕王先謙著，沈嘯寰、王星賢點校：《荀子集解》，頁284。

> 屬而不試，刑錯而不用。」〔註11〕

凡此，皆爲《家語》之文與《荀子》有相同者，而《荀子》書中則稱爲「傳」者。

此非先秦典籍如此，凡漢儒著作中亦有相同情形出現者，如韓嬰所編之《韓詩外傳》之中，亦有相同之例證。如《韓詩外傳》卷一：

> 傳曰：「所謂士者，雖不能盡乎道術，必有由也。雖不能盡乎美善，必有處也。言不務多，務審其所謂，行不務多，務審其所由而已。行既已尊之，言既已由之，若肌膚性命之不可易也。《詩》曰：「我心匪石，不可轉也。我心匪席，不可卷也。」〔註12〕

此段「傳曰」見於《家語·五儀解》篇：

> 孔子曰：「所謂士人者，心有所定，計有所守，雖不能盡道術之本，必有率也；雖不能備百善之美，必有處也。是故知不務多，必審其所知；言不務多，必審其所謂；行不務多，必審其所由。知既知之，言既道之，行既由之，則若性命之形骸之不可易也。富貴不足以益，貧賤不足以損。此則士人也。」〔註13〕

又如《韓詩外傳》卷一：

> 傳曰：天地有合，則生氣有精矣。陰陽消息，則變化有時矣。時得則治，時失則亂。故人生而不具者五。目無見，不能食，不能行，不能言，不能施化。三月微昫而後能見，八月生齒而後能食，朞年臏就而後能行，三年腦合而後能言。十六精通而後能施化。陰陽相反，陰以陽變，陽以陰變。故男八月生齒，八歲而齔齒。十六而精化小通。女七月生齒，七歲而齔齒，十四而精化小通。是故陽以陰變，陰以陽變。故不肖者精化始具，而生氣感動，觸情縱欲，反施亂化，是以年壽亟夭而性不長也。〔註14〕

此段「傳曰」見於《家語·本命解》篇：

> 魯哀公問於孔子曰：「人之命與性何謂也？」孔子對曰：「分於道謂之命，形於一謂之性，化於陰陽，象形而發謂之生，化窮數盡謂之

〔註11〕〔魏〕王肅注：《孔子家語·始誅》，卷1，頁6。
〔註12〕許維遹：《韓詩外傳集釋》（北京：中華書局，2005年），卷1，頁12。
〔註13〕〔魏〕王肅注：《孔子家語·五儀解》，卷1，頁23～24。
〔註14〕許維遹：《韓詩外傳集釋》，卷1，頁19～21。

死。故命者，性之始也，死者，生之終也，有始則必有終矣。人始
生而有不具者五焉，目無見、不能食行、不能言、不能化。及生三
月而微昫，然後有見，八月生齒，然後能食，三年顋合，然後能言，
十有六而精通，然後能化。陰窮反陽，故陰以陽變，陽窮反陰，故
陽以陰化。是以男子八月生齒，八歲而齔，女子七月生齒，七歲而
齔，十有四而化，一陽一陰，奇偶相配，然後道合化成，性命之端，
形於此也。」〔註15〕

又如《韓詩外傳》卷二：

> 傳曰：孔子遭齊程本子於郊之間，傾蓋而語終日，有間，顧子路曰：
> 「由來！取束帛以贈先生。」子路不對。有間，又顧曰：「取束帛以
> 贈先生。」子路率爾而對曰：「昔者由也聞之於夫子，士不中道相見。
> 女無媒而嫁者，君子不行也。」孔子曰：「夫《詩》不云乎：『野有
> 蔓草，零露漙兮。有美一人，清陽宛兮，邂逅相遇，適我願兮。』
> 且夫齊程本子，天下之賢士也，吾於是而不贈，終身不之見也。大
> 德不踰閑，小德出入可也。」〔註16〕

此段「傳曰」見於《家語‧觀思》篇：

> 孔子之郊，遭程子於塗，傾蓋而語，終日，甚相親。顧謂子路曰：「取
> 束帛以贈先生。」子路屑然對曰：「由聞之士不中間見，女嫁無媒，
> 君子不以交，禮也。」有間，又顧謂子路，子路又對如初。孔子曰：
> 「由，《詩》不云乎：『有美一人，清揚宛兮，邂逅相遇，適我願兮。』
> 今程子，天下賢士也，於斯不贈，則終身弗能見，小子行之。」

〔註17〕

又如《韓詩外傳》卷三：

> 傳曰：子路盛服以見孔子，孔子曰：「由疏疏者何也？昔者江出於濆，
> 其始出也，不足以濫觴。及其至乎江之津也，不方舟，不避風，不可
> 渡也。非其下流眾川之多歟？今汝衣服甚盛，顏色充滿，天下有誰加
> 汝哉？」子路趨出，改服而入，蓋揖如也。孔子曰：「由志之。吾語
> 女。夫慎於言者不譁，慎於行者不伐。色知而有長者小人也。故君子

〔註15〕　〔魏〕王肅注：《孔子家語‧本命解》，卷6，頁9～10。
〔註16〕　許維遹：《韓詩外傳集釋》，卷2，頁50～52。
〔註17〕　〔魏〕王肅注：《孔子家語‧觀思》，卷2，頁8。

知之爲知之，不知爲不知，言之要也。能之爲能之，不能爲不能，行之要也。言要則知，行要則仁。既知且仁，又何加哉？《詩》曰：『湯降不遲，聖敬日躋。』」〔註18〕

此段「傳曰」見於《家語·三恕》篇：

子路盛服見於孔子。子曰：「由是倨倨者何也？夫江始出於岷山，其源可以濫觴及其至于江津，不舫舟不避風，則不可以涉，非惟下流水多邪？今爾衣服既盛，顏色充盈，天下且孰肯以非告汝乎？」子路趨而出，改服而入，蓋自若也。子曰：「由志之，吾告汝，奮於言者華，奮於行者伐，夫色智而有能者，小人也。故君子知之曰知，言之要也，不能曰不能，行之至也。言要則智，行至則仁，既仁且智，惡不足哉！」〔註19〕

凡此數條，皆說明《家語》之文，見於《荀子》、《韓詩外傳》者，有稱「傳曰」之例，與漢初之儒者或先秦典籍，稱引《論語》時皆亦稱「傳曰」相同。由以上數條資料觀之，《孔子家語》極有可能屬於後起之書名，其早期仍習以「傳」統稱之。

其次，由漢儒之相關著作中觀之，以後起之書名追敘此書先前之流傳情形，《家語·後序》並非孤例。如東漢王充（27～91）《論衡·正說》篇中，曾敘及《論語》之編成與命名問題，其文如下：

夫《論語》者，弟子共紀孔子之言行，勅記之時甚多，數十百篇，以八寸爲尺，紀之約省，懷持之便也。以其遺非經，傳文紀識恐忘，故但以八寸尺，不二尺四寸也。漢興失亡。至武帝發取孔子壁中古文，得二十一篇，齊、魯二，河間九篇，三十篇。至昭帝女讀二十一篇。宣帝下太常博士，時尚稱書難曉，名之曰傳；後更隸寫以傳誦。初，孔子孫孔安國以教魯人扶卿，官至荊州刺史，始曰《論語》。〔註20〕

單以此文之脈絡而言，文末指出《論語》之命名者，應與孔安國有關，故王充於此處云「始曰《論語》」，「始」字正意味自此而始。然文中起段先言此書之內

〔註18〕許維遹：《韓詩外傳集釋》，卷3，頁118～120。

〔註19〕〔魏〕王肅注：《孔子家語·三恕》，卷2，頁14～15。

〔註20〕〔漢〕王充著，黃暉校釋：《論衡校釋》（北京：中華書局，1990年），頁1136～1138。

容爲孔子弟子所紀錄孔子之言行，與篇數、竹簡形制之多寡、長短爲何，其次則續言漢興失亡。以此觀之，起段所敘述者乃爲漢興以前之事，即爲先秦時期之追敘。因此，王充云「始曰《論語》」時已入西漢之孔安國，然於追敘先秦時，卻仍以「夫《論語》者」稱之，此即明顯以後起之書名，追敘此書先前之事者。此種情形即爲合理，蓋王充時《論語》之名已然通行，故以此書後起之名追敘此書未有書名以前之事，亦合行文之例。

王充爲東漢通儒，其於行文之間，仍存在以後起之書名，追敘此書先前之事，則〈後序〉所出現以後起之「孔子家語」書名，追敘此書之前事，仍屬合理範圍之行文習慣。

（二）《孔子家語》之命名應與孔安國有關

此書既已著錄於〈漢志〉之中，則《七略》亦應當已著錄此書，是《孔子家語》之書名，當於西漢時已經出現。若參照〈後序〉之記載，第二段言及「乃以事類相次，撰集爲四十四篇」，第三段言及「集錄《孔氏家語》」，第四段言及「又撰《孔子家語》」，凡此三處皆指涉此書之編纂、命名與孔安國有關。此說並非無據，若再據以下兩點稍加觀察即可知曉：

第一，以「某語」或「某某語」之類名書者，已有先例可循。如劉向《戰國策書錄》提及「所校中《戰國策》書，中書餘卷，錯亂相糅莒。又有《國別》者八篇，少不足。⋯⋯中書本號，或曰《國策》，或曰《國事》，或曰《短長》，或曰《事語》，或曰《長書》，或曰《修書》。」與班固〈漢志〉著錄「《國語》二十一篇。左丘明著」、「《新國語》五十四篇。劉向分《國語》」，又如陸賈之《新語》，皆以「某語」或「某某語」之形式名書，除左丘明之《國語》外，其餘多爲漢儒以「語」名書者。若據〈後序〉言孔安國整理《孔子家語》一書，時間在武帝時期而言，此時以「某語」、「某某語」之形式名書者已有先例，孔安國大可依循之。

第二，《論語》書題一說爲孔安國所命名，東漢王充《論衡・正說》篇記載：「宣帝下太常博士，時尚稱書難曉，名之曰傳；後更隸寫以傳誦。初，孔子孫孔安國以教魯人扶卿，官至荊州刺史，始曰《論語》。」王充爲東漢時人，距西漢武宣之時不遠，其說當有所依據。若《論語》之命名與孔安國有關，則《孔子家語》一書之命名，亦應當與孔安國相當密切。再者，以此書書名命名爲「孔子家語」而言，能將此書命名爲「孔子家」者，恐怕無任何一人之身分與地位，能比孔安國更加適宜。

　　然若《孔子家語》爲後起之書名，則此處遂又衍生一重大問題，此即：《孔子家語》若爲孔安國所立之名，則孔安國生於西漢之時已去先秦甚遠，用此後起之名，去建構先秦《孔子家語》之流傳過程，是其前有所據？抑或孔安國依自身學識所建構出《家語》於先秦之流傳過程？

　　然此問題殊不易解，蓋先秦時期《家語》之流傳文獻，惟有〈後序〉可據，實無其它相關文獻，可用以檢視孔安國之說是否前有所據，或依其自身學識所建構出來。然無論如何，此處應當稍加分別，蓋孔安國所建構《家語》於先秦之流傳過程，是否代表先秦即有此事，應屬兩種層次，未可混爲一談。

（三）《孔子家語》名稱出現之含意

　　《孔子家語》名稱出現之含意，大致有以下幾項：

　　第一，以「某語」、「某某語」之類型名書已相當成熟。上述已提及漢儒著作中，已出現以「某語」、「某某語」形式名書者，此一現象代表漢時文獻已趨向於建立別名，與先秦文獻習於統稱之「傳」、「記」、「語」而多不加分別者不同。換言之，先秦典籍中以「傳」、「記」、「語」指涉文獻內容之形式，於漢儒時已經逐漸加以精確化，如「傳」則精確稱其「某傳」、「某某傳」，「記」則精確稱其「某記」、「某某記」，「語」則精確稱其「某語」、「某某語」。

　　第二，與「國語」之名有別，《孔子家語》之所以稱爲「家語」，實際上代表其性質與「國語」之屬不同。《國語》所記載者以國爲別，而《家語》之所以稱「家」，正意味孔子並非諸侯王，未能以國稱之，而依其所屬之地位觀之，當以「家」稱之較爲適合。如檢之《家語・相魯》篇「家不藏甲」句下，王肅注云「卿大夫稱家」，又如《家語・禮運》篇「藏於私家，非禮也」句下，王肅注云「大夫稱家」，凡此稱「家」者，其地位當屬卿大夫、大夫之屬，故《孔子家語》以「家」稱孔子，亦符合孔子之身分地位。此外，「家」亦有私家之意，如《家語・賢君》篇「孔子曰：『臣語其朝廷行事，不論其私家之際也』」，又如《家語・相魯》篇「遂墮三都之城，強公室弱私家，尊君卑臣，政化大行」，兩次皆稱「私家」，而私家又與朝廷、公室相對，則代表所謂「家」者，並非指國君之言，皆爲孔子私家之語。

　　第三，代表孔子一家之語。所謂「一家」相對於「百家」而言，如《家語・本姓解》「孔子生於衰周，先王典籍，錯亂無紀，而乃論百家之遺記，考正其義」，又如《史記》之〈五帝本紀〉「而百家言黃帝，其文不雅馴」、〈秦始皇本紀〉「臣請史官非秦記皆燒之。非博士官所職，天下敢有藏《詩》、《書》、

百家語者，悉詣守、尉雜燒之」、「於是廢先王之道，焚百家之言」、〈陳涉世家〉「於是廢先王之道，燔百家之言」、〈樗里子甘茂列傳〉「事下蔡史舉先生，學百家之術」、〈范睢蔡澤列傳〉「五帝三代之事，百家之說」、〈屈原賈生列傳〉「頗通諸子百家之書」、〈李斯列傳〉「臣請諸有文學《詩》、《書》、百家語」、「收去《詩》、《書》、百家之語以愚百姓」、〈平津侯主父列傳〉「晚乃學《易》、《春秋》、百家言」、〈儒林列傳〉「紬黃老、刑名百家之言」、〈滑稽列傳〉「諷誦《詩》、《書》百家之言」、〈太史公自序〉「雖百家弗能易也」，亦皆有「百家」詞彙。《史記》之作者司馬遷距孔安國不遠，且有一段時間中兩人為師生關係，因此孔安國之時「百家」此一概念已然成熟，既然有「百家」、「百家語」之概念，則相對而言「一家」、「一家語」、「一家言」之概念亦應當已經形成。此外，入漢以後，漢儒已習慣將先秦諸子分「家」分「流」，故司馬談有六家之分，《七略》、〈漢志〉諸子略有九流十家，而六藝略之中，又有各家之別。由此觀之，以「家」稱「孔子」，亦符合當時之學術思潮。又如〈漢志〉亦著錄有「儒家言」之材料，〈後序〉言「子直生子高，名穿，亦著儒家語十二篇名曰《讕言》，年五十七而卒」，亦有「儒家語」之材料，可見儒家相關言論記載，已經有匯聚之現象，而孔子既為儒家之首，若儒家地位越形穩固之後，刻意提高孔子之地位，則出現匯聚孔子言、孔子語、孔子家語之相關言論，亦屬合理之範圍。

第三節　先秦時《家語》相關材料之流傳情形

一、先秦時應當已有孔子相關言論之匯集

　　《孔子家語》之編纂雖應與孔安國有關，然孔子言論之初步集合或聚集，恐非至漢時才有學者進行編纂，其理由當有以下兩點：

　　第一，孟子、荀子之著述多據孔子之意加以闡發，則孟子、荀子當有孔子之相關言論等資料作為依據，方能加以闡發與引述。若以《史記·孟子荀卿列傳》之記載觀之：

> 孟軻，騶人也。受業子思之門人。……天下方務於合從連衡，以攻伐為賢，而孟軻乃述唐、虞、三代之德，是以所如者不合。退而與萬章之徒序《詩》、《書》，述仲尼之意，作《孟子》七篇。……荀卿，

趙人。……李斯嘗爲弟子，已而相秦。荀卿嫉濁世之政，亡國亂君相屬，不遂大道而營於巫祝，信機祥，鄙儒小拘，如莊周等又猾稽亂俗，於是推儒、墨、道德之行事興壞，序列著數萬言而卒。因葬蘭陵。〔註21〕

《史記》此段敘述孟子以其仁義道德之說，與當世之務於合縱連橫、尚於攻伐者不合，故「退而與萬章之徒序《詩》、《書》，述仲尼之意，作《孟子》七篇」。若就此處所謂「述仲尼之意」，及觀《孟子》書中多引孔子之相關言論而言，孟子當於闡發仲尼之意旨時，必須有孔子言論等相關資料作爲依據，方能進行引用與闡述。再就荀子而言，《史記》此段言荀子「推儒、墨、道德之行事興壞」，並進而「序列著數萬言」，若以今本《荀子》觀之，書中多處引及孔子之相關言論者，亦必須有孔子言論等相關資料作爲依據方能爲之，否則荀子無法「推」之而「序列著述」。

　　第二，〈漢志〉所著錄之著作中，已有七十二弟子及再傳弟子之個人篇集，然孔子之地位高於七十二弟子及再傳弟子，則其言論之聚集當更早於七十二弟子及再傳弟子之個人篇集。以〈漢志〉著錄七十二弟子及其再傳弟子之相關篇集觀之，計有以下數種：

子思二十三篇。名伋，孔子孫，爲魯繆公師。

曾子十八篇。名參，孔子弟子。

漆雕子十三篇。孔子弟子漆雕啓後。

宓子十六篇。名不齊，字子賤，孔子弟子。

景子三篇。說宓子語，似其弟子。

世子二十一篇。名碩，陳人也，七十子之弟子。

李克七篇。子夏弟子，爲魏文侯相。

公孫尼子二十八篇。七十子之弟子。

芊子十八篇。名嬰，齊人，七十子之後。

太常蓼侯孔臧十篇。父聚，高祖時以功臣封，臧嗣爵。〔註22〕

以上數種爲扣除「孟子十一篇」、「孫卿子三十三篇」後，有關七十二弟子及其再傳弟子之相關著作。此數種著作皆著錄於〈漢志〉之中，而〈漢志〉承

〔註21〕〔漢〕司馬遷著、〔宋〕裴駰集解、〔唐〕司馬貞索隱、〔唐〕張守節正義：《史記》，卷74，頁2343～2348。

〔註22〕〔漢〕班固著、〔唐〕顏師古注：《漢書・藝文志》，卷30，頁1724～1726。

自《別錄》、《七略》，則此數種七十二弟子及其再傳弟子著作之聚集，至少於西漢中葉時已經出現。若此等著作之聚集約在西漢中葉，則孔子之地位高於七十二弟子及再傳弟子，其相關言論之聚集，當不能晚於西漢。

再者，《史記》言孟子與其徒萬章等人「作《孟子》七篇」，而「《孟子》七篇」本身就是一種個人著作之聚集，而荀子「序列著數萬言而卒」，其整理文獻與著述，亦更爲可觀。由此細繹，若當時之儒者已自覺自我著述之重要性，反而不重視孔子相關言論之匯集，此點實難成立。因此，孔子相關言論之匯集，當於西漢之前即已有之。

然必須說明者，先秦時期即使有孔子相關言論之匯集，但限於編纂者之價值意識不同，勢必與今本《家語》有所差異，亦絕不可同日而語。然由於匯集孔子相關言論之意識已相當成熟，故能影響後來孔安國於漢之時，再次進行匯集孔子相關言論之學術活動。如此，亦符合學術思潮所謂前有所承，而非突然出現之「創舉」之觀點。

二、荀子與《家語》材料之傳承

《家語》材料之所以能流傳至漢朝，據〈後序〉所言應當與荀子有關。〈後序〉所謂「孫卿以孔子之語、及諸國事、七十二弟子之言，凡百餘篇與之，由此，秦悉有焉。始皇之世，李斯焚書，而《孔子家語》與諸子同列，故不見滅」，就此一段觀之，〈後序〉以爲孫卿平常所習者，即爲「孔子之語」、「諸國事」、「七十二弟子之言」數百篇之文獻，此文獻後由荀子入秦時獻與秦昭王，因此秦國悉有此批文獻。

此外，〈後序〉中雖不言荀子之個人著作，是否有流傳於秦，然其弟子李斯、韓非皆與秦國有密切關係，而李斯又爲秦朝之重要大臣，按理荀子之著作亦可盛行於秦國。然重點在於〈後序〉既然提及荀子平常所習者，爲「孔子之語」、「諸國事」、「七十二弟子之言」，則荀子之著作中應仍殘留或引用「孔子之語」、「諸國事」、「七十二弟子之言」等文獻之現象。

以今本通行之《荀子》篇序而言，已爲唐楊倞所重序，非劉向所敘之次，然劉向《荀子敘錄》仍存，而其篇序亦可復見。若以劉向所敘之篇次，考察其與《家語》材料之關係，遂可發現凡與《家語》材料重見者，皆有群聚之現象產生。據何志華等編《荀子與先秦兩漢典籍重見資料彙編》一書中，將《荀子》與《家語》文句之重出者，依劉向之篇序製成下表：

【3-1】《荀子》各篇與《家語》重見情形

《荀子》		《家語》相關文句	《荀子》		《家語》相關文句
篇序／名		出　現　與　否	篇序／名		出　現　與　否
1	〈勸學〉	√	17	〈強國〉	
2	〈修身〉		18	〈天論〉	
3	〈不苟〉		19	〈正論〉	
4	〈榮辱〉		20	〈樂論〉	√
5	〈非相〉		21	〈解蔽〉	
6	〈非十二子〉		22	〈正名〉	
7	〈仲尼〉	√	23	〈禮論〉	√
8	〈成相〉		24	〈宥坐〉	√
9	〈儒效〉	√	25	〈子道〉	√
10	〈王制〉		26	〈性惡〉	√
11	〈富國〉		27	〈法行〉	√
12	〈王霸〉		28	〈哀公〉	√
13	〈君道〉		29	〈大略〉	√
14	〈臣道〉		30	〈堯問〉	√
15	〈致士〉		31	〈君子〉	
16	〈議兵〉		32	〈賦篇〉	

　　以上表稍作觀察，《荀子》中與《家語》文句之重見者，如〈勸學〉、〈仲尼〉、〈儒效〉、〈樂論〉諸篇皆有出現。然若以〈禮論〉至〈堯問〉篇而言，其與《家語》文句重見情形，有明顯之匯聚現象。

　　若再就《荀子》各篇中之段落與《家語》文句之重見情形而言，則〈禮論〉至〈堯問〉各篇中之段落，與《家語》文句之重出情形最為密集，而〈勸學〉、〈仲尼〉、〈儒效〉、〈樂論〉各篇反較疏闊。今先將相關資料製成下表：

【3-2】《荀子》各篇字句與《家語》重見情形

《荀子》			與《家語》相關		《荀子》			與《家語》相關	
篇序／名		分段	句	段	篇序／名		分段	句	段
1	〈勸學〉	4	2		17	〈強國〉			
2	〈修身〉				18	〈天論〉			
3	〈不苟〉				19	〈正論〉			

4	〈榮辱〉			20	〈樂論〉	3		1
5	〈非相〉			21	〈解蔽〉			
6	〈非十二子〉			22	〈正名〉			
7	〈仲尼〉	4	10	23	〈禮論〉	5		1
8	〈成相〉			24	〈宥坐〉	9		8
9	〈儒效〉	10	4	25	〈子道〉	7		6
10	〈王制〉			26	〈性惡〉	5		1
11	〈富國〉			27	〈法行〉	8	2	3
12	〈王霸〉			28	〈哀公〉	6		6
13	〈君道〉			29	〈大略〉	109		3
14	〈臣道〉			30	〈堯問〉	7		1
15	〈致士〉			31	〈君子〉			
16	〈議兵〉			32	〈賦篇〉			

　　上述所據爲王先謙（1842～1917）《荀子集解》北京中華書局點校本，各篇分段亦據點校本而分。以〈勸學〉篇爲例，點校本分爲四段，此處亦分爲四段，四段中若與《家語》文句重見者，則依其多寡之情形分爲「句」、「段」二種型態，由於〈勸學〉篇與《家語》文句之重見，惟有二句重見未足一段，故於表格中標記爲 2 句。再以〈宥坐〉篇爲例，點校本分爲九段，而當中之文句與《家語》重見者，已高達八段，故於表格中標記爲八段，而不以幾句爲單位做標記。

　　若以〈勸學〉、〈仲尼〉、〈儒效〉、〈樂論〉各篇觀之，其與《家語》材料重見者多屬零星之句，而〈禮論〉至〈堯問〉各篇中與《家語》材料重見處，多以整段之方式爲主，而〈宥坐〉一篇更多達八段，其他如〈子道〉、〈哀公〉篇亦多達六段。由此觀之，《荀子》與《家語》材料之重見處，多匯聚於〈禮論〉至〈堯問〉各篇中爲主。

　　上述此一現象不僅說明《荀子》與《家語》之材料關係密切，且反映出《荀子》書中保留不少「孔子之語」等《家語》之原始材料，惟劉向敍錄《荀子》時未將此諸篇析離於《荀子》書外，而仍舊匯聚於相近之篇章中。然無論如何，由上述二表可知，將《家語》之原始材料傳承於漢朝者，荀子是一重要之關鍵所在。

第四節　漢初至武帝時《家語》材料之流傳情形

一、〈後序〉敘述《家語》材料自漢初至武帝流傳之可能性

〈後序〉言漢初至武帝時《家語》之流傳情形，大約指出四個重要階段：

第一階段為高祖時期，即「高祖剋秦，悉斂得之，皆載於二尺竹簡，多有古文字」。

第二階段為呂后時期，即「及呂氏專漢，取歸藏之。其後被誅亡，而《孔子家語》乃散在人間，好事亦各以意增損其言，故使同是一事而輒異辭」。

第三階段為景帝時期，即：「孝景皇帝末年募求天下禮書，于時士大夫皆送官。得呂氏之所傳《孔子家語》而與諸國事、及七十二子辭，妄相錯雜，不可得知，以付掌書，與《曲禮》眾篇亂簡合而藏之祕府」。

第四階段為武帝時期，即：「元封之時，吾仕京師，竊懼先人之典辭，將遂泯滅，於是因諸公、卿士大夫，私以人事募求其副，悉得之，乃以事類相次，撰集為四十四篇。又有〈曾子問禮〉一篇，自別屬《曾子問》，故不復錄。其諸弟子書，所稱引孔子之言者，本不存乎《家語》，亦以其已自有所傳也，是以皆不取也，將來君子不可不鑑」。

以上四個階段，為〈後序〉所提及《家語》於漢初至武帝時之流傳情形，然其敘述時，涉及不少當時之學術及政治背景，故以下就其所敘及之各項背景，檢驗其可能性為何。

（一）高祖克秦悉斂得之之可能性

〈後序〉言《家語》之材料來源，乃高祖克秦時悉斂得之，然今所知高祖得秦朝之書惟《史記・蕭相國世家》中之記載，其文如下：

> 及高祖起為沛公，何常為丞督事。沛公至咸陽，諸將皆爭走金帛財物之府分之，何獨先入收秦丞相御史律令圖書藏之。沛公為漢王，以何為丞相。項王與諸侯屠燒咸陽而去。漢王所以具知天下阨塞，戶口多少，彊弱之處，民所疾苦者，以何具得秦圖書也。何進言韓信，漢王以信為大將軍。語在淮陰侯事中。〔註23〕

先就此段之記載而言，《史記》雖只提及蕭何收「秦丞相御史律令圖書」，並

〔註23〕〔漢〕司馬遷著、〔宋〕裴駰集解、〔唐〕司馬貞索隱、〔唐〕張守節正義：《史記》，卷53，頁2014。

未提及〈後序〉所謂「孔子之語」、「諸國事」、「七十二弟子辭」之相關材料，然高祖克秦時確實有收取秦朝藏書一事。因此，〈後序〉所敘之背景，有其合理性所在。

其次，《史記》雖言蕭何收「秦丞相御史律令圖書」，然此「律令圖書」實際上包含本「律令」與「圖書」兩種，既然有「圖書」一種，則《史記》雖未言及「孔子之語」、「諸國事」、「七十二弟子辭」之材料，然「圖書」一類，則「孔子之語」等相關文獻，或可歸於此類之中，亦未全然違背《史記》之記載。

復次，《史記》所謂「漢王所以具知天下阨塞，戶口多少，彊弱之處，民所疾苦者，以何具得秦圖書也」，由於重在事功之敘述，及蕭何收取圖書對漢高祖功業建立之助益，故此處惟言「天下阨塞」、「戶口多少」、「彊弱之處」、「民所疾苦」諸項，而於文化事業並未提及。然此處已言「以何具得秦圖書也」，此一「具」字隱然透露蕭何收取秦之圖書，未必全然皆為實用類之圖書。

再次，即若蕭何未收取相關文化類或學術類之文獻，然觀《史記》之記載，其言漢軍入秦咸陽後，起始略無約束，故諸將皆入府庫爭相取金，惟蕭何先入收律令圖書。然蕭何既可先入收圖書，則蕭何之外亦可有他人入收圖書，而若蕭何所重者乃在律令圖書及事功方面之檔案文獻，亦可有相關學識之士，入收「孔子之語」、「諸國事」、「七十二弟子辭」等集合文獻。如《史記·高祖本紀》提及：「五年，高祖與諸侯兵共擊楚軍，與項羽決勝垓下。淮陰侯將三十萬自當之，孔將軍居左，費將軍居右，皇帝在後，絳侯、柴將軍在皇帝後。」此處之「孔將軍」《正義》以為是「蓼侯孔熙」，則漢高祖陣營中不乏孔子後人者，若有孔子之後人，收取其先祖之相關言論記錄，亦無不可。

（二）皆載於二尺竹簡之可能性

其次，〈後序〉言高祖克秦悉斂得此批文獻，並提及此批文獻皆載於二尺竹簡之上。此句甚為重要，蓋以今天出土之秦漢簡牘形制而言，長短並不一致，若王肅要偽造〈後序〉卻又斷定此批文獻「皆載於二尺竹簡」，實過於托大。然此一說，正非無的放矢，舉上博簡之《民之父母》為例，其與《家語·論禮》之關係相當密切，而此《民之父母》之簡長即為45.8，約秦漢二尺（46CM）之制。今先將上博簡長度製成下表：

【3-3】上博簡各篇完整簡長一覽表

上博簡一～六	對話人物	完整簡長(CM)	相關文獻
《孔子詩論》	通篇以孔子曰爲主	55.5	
《緇衣》	通篇以子曰爲主	54.3	《禮記》
《性情論》	闕	57	
《民之父母》	孔子、子夏	45.8	《禮記》、《孔子家語》
《子羔》	孔子、子羔	無完簡最長爲54.2	
《魯邦大旱》	魯哀公、孔子、子貢	54.9～55.4	
《從政》甲篇	通篇以「聞之曰」	42.6	
《從政》乙篇	通篇以「聞之曰」	42.6	
《昔者君老》	君子曰	44.2	
《容成氏》	闕	44.5	
《周易》	闕	44	《周易》
《中弓》	孔子、仲弓	47	
《亙先》	闕	39.4	
《彭祖》	耇老、彭祖	53	
《采風曲目》	闕	無完簡最長爲56.1	
《逸詩》	闕	無完簡殘簡長約20.3～27	
《昭王毀室》	楚昭王、服喪君子	43.7～44.2	
《昭王與龔之脽》	楚昭王、大尹	43.7～44.2	
《柬大王泊旱》	楚簡王、贅尹、相慶、中余、太宰、陵尹、	23.8～24	
《內豊》	君子曰	44.2	《大戴禮記》
《相邦之道》	某公、孔子、子貢	51.6	
《曹沫之陳》	魯莊公、曹沫	47～47.5	
《競建內之》	齊桓公、隰朋、鮑叔牙	42.8～43.3	

《鮑叔牙與隰朋》	齊桓公、鮑叔牙	40.4～43.2	
《季庚子問於孔子》	季庚子、孔子	38.6～39	
《姑成家父》	郤錡、欒書、晉厲公、姑成家父、強門大夫	44.2	《左傳》、《國語》
《君子爲禮》	孔子、顏淵；子羽、子貢	54.1～54.5	
《弟子問》	孔子、子貢、顏回、子游、宰我	無完簡殘簡長約9.5～45.2	
《三德》	闕	44.7～45.1	
《鬼神之明》	（墨子、弟子或他人？）	53	
《融師有成氏》	闕	53	
《競公瘧》	齊景公、裔欵、梁丘據、高子、國子、晏子、屈木、文子	無完簡殘綴合後約55	《左傳》、《晏子春秋》
《孔子見季桓子》	孔子、季桓子	無完簡殘簡長約9.5～50.2	
《莊王既成》	楚莊王、子桱	33.1～33.8	
《申公臣靈王》	王子回、申公	33.7～33.9	
《平王問鄭壽》	楚平王、奠壽	33～33.2	
《平王與王子木》	楚平王、王子木、城公	33	
《愼子曰恭儉》	愼子	32	
《用曰》	闕	45.4～45.9	
《天子建州》甲本	闕	46	《大戴禮記》、《禮記》
《天子建州》乙本	闕	43.5	《大戴禮記》、《禮記》

　　從上表觀之，上博簡之長度往往不一，何以與《家語・論禮》有關之《民之父母》簡牘長度，正好爲〈後序〉所謂之「二尺」？而非其他之一尺或一尺半？又何以王肅能於紙張已逐漸通行之三國時期，孤明先發而直接斷言《家語》之原始材料，皆載於二尺竹簡之上？又何以能孤明先發，得知於數百年前已經入土之《民之父母》簡長，又恰好正好爲二尺，而《民之父母》又正好與《家語》有密切關係？

（三）呂氏取歸藏之之可能性

〈後序〉續言呂氏專政之後，取祕府中孔子之語等相關文獻歸藏之，而呂氏伏誅後，孔子之語等相關文獻乃散在民間。

關於呂氏盜書一事，〈漢志〉中亦有相關記載，見「兵家類」小序之文：

> 兵家者，蓋出古司馬之職，王官之武備也。……。漢興，張良、韓信序次兵法，凡百八十二家，刪取要用，定著三十五家。諸呂用事而盜取之。武帝時，軍政楊僕捃摭遺逸，紀奏兵錄，猶未能備。至于孝成，命任宏論次兵書爲四種。〔註24〕

〈漢志〉此段言諸呂掌朝政後，遂將漢初張良、韓信所序次之兵法書籍盜取歸藏，至武帝時使楊僕採訪遺逸兵書，並稍加奏錄，然未能稱備。觀此，諸呂掌朝政既然可盜取兵書，則其它學術文化類之典籍，亦可任意取而歸藏之，而〈漢志〉乃依西漢《別錄》《七略》而來，其說諸呂盜書，必有根據。是故，〈後序〉所言諸呂盜取歸藏一事，仍屬合理之範圍。

（四）私以人事募求其副之可能性

〈後序〉言孔安國因人事募求「孔子之語」等相關文獻之副本，其背後亦符合當時之學術背景。據〈漢志〉記載，武帝時曾「建藏書之策」及「置寫書之官」，其文如下：

> 漢興，改秦之敗，大收篇籍，廣開獻書之路。迄孝武世，書缺簡脫，禮壞樂崩，聖上喟然而稱曰：「朕甚閔焉！」於是建藏書之策，置寫書之官，下及諸子傳說，皆充祕府。〔註25〕

〈漢志〉明言武帝時「建藏書之策」及「置寫書之官」，則檢視〈後序〉所謂「私以人事募求其副」一事，則其文化與學術背景符合〈後序〉所言。

（五）「孔子之語」、「諸國事」、「七十二弟子辭」妄相錯雜之可能性

〈後序〉中屢將「孔子之言」、「諸國事」及「七十二弟子辭」合言，然此一批文獻之聚集現象是否合理？其次〈後序〉此批文獻所謂「妄相錯雜」是否合理？

若就「孔子之語」、「諸國事」、「七十二弟子辭」此批文獻之聚集現象而言，能夠用以考察之資料不多，此處僅就上博簡、阜陽漢簡、定縣漢簡，加

〔註24〕〔漢〕班固著、〔唐〕顏師古注：《漢書‧藝文志》，卷30，頁1762。
〔註25〕同前註，頁1701。

以比對觀察。今先將上述簡牘文獻相關資料製成下表：

【3-4】上博楚簡、阜陽漢簡、定縣漢簡相關資料

	墓主／年代／地點	簡牘／帛	與《家語》相關	分　章
上博楚簡	不詳	皆爲竹簡	《民之父母》	
	約戰國中晚期			
	戰國時楚地			
阜陽漢簡	西漢第二代汝陰侯夏侯竈（？～165B.C.）	一號木牘	韓自強命名：《儒家者言》	1～47
		二號木牘	韓自強命名：《春秋事語》	1～40
	165B.C.〔漢文帝十五年〕	三號木牘	胡平生命名：《說類雜事》	1～55
	今安徽			
定縣漢簡	西漢懷王劉修	皆爲竹簡	《儒家者言》	1～27
	最晚年限爲 55B.C.〔漢宣帝五鳳三年〕			
	今河北			

　　若再以繫年方式，將〈後序〉上述四期與出土文獻之時間關係結合觀察，則其關係當如下表：

【3-5】〈後序〉中所提及《家語》漢初四期之流傳情形與相關簡牘資料繫年表

帝王	B.C.	官　　府	民　　間	簡牘
戰國時代		〈後序〉言六國時，唯有孟子、荀子守其所習。荀子於秦昭王之時入秦，而昭王從之問儒術，於是荀子以「孔子之語」、及「諸國事」、「七十二子辭」凡百餘篇與秦，於是秦國悉有此批文獻。	若據〈後序〉所言觀察，荀子之學術活動地點，不單於秦國而已。文獻可考者，尚曾至於齊、楚等國，因此其所傳習之「孔子之語」、「諸國事」、「七十二子辭」等此批文獻，亦應當於秦國之外尚有流傳。	上博簡
高祖	206 195	〈後序〉言此時期高祖克秦悉有「孔子之語」、「諸國事」、「七十二弟子辭」，於是此批集合文獻歸於漢廷。	〈後序〉言秦朝不焚「孔子之語」，故此批集合文獻，仍有機會可流傳於民間。	
惠帝	194 188	同上。	同上。	

呂后	188 180	〈後序〉言此時期呂氏專政，取「孔子之語」、「諸國事」、「七十二弟子辭」歸藏，伏誅後此批文獻散於民間。		此時期除上述「孔子之語」之文獻，仍可能繼續流傳外，〈後序〉所言「孔子之語」、「諸國事」、「七十二弟子辭」散於民間，好事者以己意增損，使一事異辭。於是此時期可能有二種不同流傳類型之「孔子之語」等文獻，至於兩者內容是否相同，或有何差異，則難以知曉。	
文帝	179 157	〈後序〉言此呂后時期「取歸藏之」，並非鈔錄歸藏，則祕府中可能已無原本。		同上。	阜陽漢簡文帝十五年入墓。165B.C.
景帝	157 141	〈後序〉言募求天下禮書，於是「孔子之語」、「諸國事」、「七十二弟子辭」此批文獻重新回到祕府，與曲禮眾篇亂簡。		〈後序〉言此時期募求天下禮書，於是「孔子之語」回歸祕府之中，然未知回歸者究竟為民間早已流傳之集合文獻，抑或原本由祕府中所流出者。	
武帝	140 87	此批文獻與曲禮眾篇亂簡，但此時亦有可能《家語》已獻入朝廷祕府之中。	孔安國以人事募求其副，重新撰集成《孔子家語》，遇巫蠱事件，遂廢不行，於是只能傳於子孫。此處言「遂廢不行」，言下之意可能孔安國已以新編成之《家語》獻上朝廷，惟無法施行而已。	此時期仍有可能有兩種流傳類型之「孔子之語」等文獻。	
昭帝	87 74	同上。	《孔子家語》轉以家傳方式傳習。	同上。	
宣帝	73 49	同上。	同上。	同上。	定縣漢簡五鳳三年入墓。55B.C.
元帝	48 33	同上。	同上。		
成帝	33 7	同上。	孔衍上書欲使《家語》記錄別見，會帝崩及劉向病亡遂不果。		

1. 以上博簡為例

　　以〈後序〉第一階段所謂高祖克秦悉斂得「孔子之語」、「諸國事」及「七十二子辭」一段而言，由於〈後序〉已指出「孔子之語」與諸子性質相同，故不在焚書之列，因此「孔子之語」，未必只保存於秦朝之祕府之中，民間仍然有機會可以流傳。惟先秦時期民間之流傳情為何，由於資料頗為缺乏，較難釐清。然上博簡相關簡牘文獻之出土，亦說明〈後序〉所謂「孔子之語」、「諸國事」、「七十二子辭」三種文獻之薈聚現象並非妄言。

　　以《民之父母》而言，此篇見於《家語·論禮》，應屬〈後序〉所謂「孔子之語」一類型之文獻。再以《競公瘧》、《鮑叔牙與隰朋》為例，此二篇內容皆記載齊景公之事然卻非出土於齊地，且記載內容亦非楚國之事，於某種程度而言亦可視為〈後序〉所謂「諸國事」一類型之文獻。至於《緇衣》一篇，學者以為與《子思子》或《公孫尼子》有關，又如《內禮》一篇，與《大戴禮記》之〈曾子立孝〉篇有關，而一般學者亦有以為《大戴禮記》中以「曾子」為名篇，可能與〈漢志〉著錄之「曾子十八篇」有關，凡此《子思子》、《公孫尼子》、《曾子》等皆可屬〈後序〉所謂之「七十二子辭」。

　　以上舉例，正說明〈後序〉所謂之「孔子之語」、「諸國事」、「七十二子辭」之「錯雜」是有其學術背景所在，而非向壁虛造。此外，上博簡約屬於戰國中晚期之文獻，而出土地為戰國時期之楚國，此時秦國尚未統一天下，因此亦說明當時已有「孔子之語」、「諸國事」、「七十二子辭」一批集合文獻流傳，未必只有秦國祕府中所藏之文獻而已。惟民間所流傳之「孔子之語」、「諸國事」、「七十二子辭」是否有流傳入漢，或入漢後其流傳情形為何，則可供研究之資料仍然過少，難以論斷。

2. 以阜陽漢簡為例

　　再以上表觀之，阜陽漢簡入墓時間在西元前 165 年，是為漢文帝之時，若以阜陽漢簡相關簡牘入墓時間而言，此時正為〈後序〉所謂呂氏伏誅（180B.C.）「孔子之語」、「諸國事」、「七十二子辭」散在民間一事之後，而在孔安國於武帝時私以人事募求其副之前。

　　以下先將阜陽漢簡 1、2、3 號木牘章題，及其所對應之傳世文獻中其內容所出現之人物為何，製成下表：

【3-6】阜陽漢簡 1 號木牘章題內容之對話人物與傳世文獻關係表〔註26〕

	1 號 木 牘 章 題	對 話 人 物	傳 世 文 獻
	【正面】		
1	子曰言病則豪	孔子（內容未詳）	
2	子思曰學所以盡才	子思	《說苑・建本》《大戴禮記・勸學》《荀子・勸學》
3	子曰北方有獸	孔子	《說苑・復恩》《呂氏春秋・不廣》《淮南子・道應訓》《韓詩外傳五》
4	孔子之匡	孔子	《說苑・雜言》《家語・困誓》《韓詩外傳六》《莊子・秋水》
5	陽子曰事可之貧	楊子、僕子	《說苑・權謀》
6	白公勝弒其君	白公勝、屈廬	《新序・義勇》
7	中尼之楚至蔡	孔子、子路、子貢	《說苑・雜言》《家語・困誓、在厄》《荀子・宥坐》《韓詩外傳七》
8	齊景公問子贛子誰師	子貢、齊景公	《說苑・善說》《韓詩外傳八》
9	季康子謂子游	子游、季康子	《說苑・貴德》
10	子贛見文子言	子貢、將軍文子	《說苑・善說》
11	趙襄子謂中尼	孔子與趙襄子；趙襄子與子路	《說苑・善說》
12	孔子臨河而歎	孔子、子路	《說苑・權謀》《家語・困誓》《孔叢子・記問》《呂氏春秋・應同》《史記・孔子世家》《三國志・魏書・劉廙傳》注引《新序》
13	孔子將西游至宋	孔子、宋君（梁君）	《說苑・政理》《家語・賢君》
14	魯哀公問孔子當今之時	孔子、魯哀公	《說苑・尊賢》《家語・賢君》
15	孔子曰丘死商益	孔子	《說苑・雜言》《家語・六本》
16	□□□□□	（內容未詳）	
17	孔子見衛靈公□歎且	孔子、衛靈公	《說苑・政理》《家語・賢君》
18	子路之上趨也	子路（內容未詳）	
19	子路行辭中尼敢問新交取親	孔子、子路	《說苑・雜言》《家語・子路初見》

〔註26〕釋文及相關資料據韓自強：〈一號木牘《儒家者言》章題釋文考證〉，《阜陽漢簡《周易》研究》（上海：上海古籍出版社，2004 年），頁 155～162。

20	孔子行毋蓋	孔子、弟子	《說苑·雜言》《家語·致思》
21	子曰里君子不可不學	孔子	《說苑·建本》《家語·致思》 《大戴禮記·勸學》 《尚書大傳·略說》
22	子曰不觀高岸	孔子	《說苑·雜言》《家語·困誓》
23	子贛問孔子曰賜爲人下	孔子、子貢	《說苑·臣術》《家語·困誓》 《荀子·堯問》《韓詩外傳七》 《春秋繁露·山川頌》
24	子曰自季宣子賜我	孔子	《說苑·雜言》《家語·致思》 《孔叢子·記義》
	【背面】		
25	子路問孔子曰治國何如	孔子、子路	《說苑·尊賢》《家語·賢君》
26	子贛問中尼曰死□□知毋□	孔子、子貢	《說苑·辨物》《家語·致思》
27	子路持□孔子問曰	孔子、子路	《說苑·貴德》《家語·好生》
28	孔子之楚有獻魚者	孔子、漁者、門人	《說苑·貴德》《家語·致思》
29	曾子問曰□子送之	曾子（內容未詳）	
30	曾子曰鄉不辭聖	曾子	《說苑·雜言》
31	公孟子高見顓孫子莫	曾子、公孟子高、顓孫子莫	《說苑·修文》
32	子夏問中尼□淵之爲人	孔子、子夏	《說苑·雜言》《家語·六本》 《列子·仲尼》《淮南子·人間訓》
33	子曰豪爲有禮矣	孔子（內容未詳）	
34	□公問萬邦子之病	（內容未詳）	
35	□□□君子有三務	孔子	《家語·三恕》
36	□□□有死德三	（內容未詳）	《家語·五儀解》
37	□山問孔子	孔子（內容未詳）	
38	孔子閒處氣焉歎	孔子、子路	《說苑·尊賢》《家語·賢君》
39	曾子有疾公孟問之	曾子、公孟（孟儀）	《說苑·修文》《論語·泰伯》
40	楚伐陳陳西門燔	孔子、子路	《說苑·立節》《韓詩外傳一》
41	孔子見季康子	孔子、宰我	《說苑·政理》《家語·子路初見》

42	中尼曰史鰌有君子之道三	孔子	《說苑·雜言》《家語·六本》
43	晏子聘於魯	孔子與子貢與晏子、晏子與魯昭公	《晏子春秋·雜篇》《韓詩外傳四》
44	子路行辭中尼中尼曰贈女以車	孔子、子路	《說苑·雜言》《家語·子路初見》
45	衛人醢子路	孔子、使者	《家語·曲禮子夏問》
46	孔子之周觀太廟	孔子與弟子、孔子與老子	《說苑·敬慎》《家語·觀周》
47	孔子問曰□□上其配上□之	孔子（內容未詳）	
	右方□□字		

【3-7】阜陽漢簡 2 號木牘章題內容之對話人物與傳世文獻關係表〔註27〕

2 號 木 牘 章 題	對 話 人 物	傳 世 文 獻
【正面】		
1 □□□□□臺	（內容未詳）	
2 □□□去疾不更	（內容未詳）	
3 晉平公築施祁之臺	晉平公、師曠	《說苑·辨物》《左傳·昭公八年》《漢書·五行志》
4 晉平公使叔嚮聘於吳	晉平公、叔嚮	《說苑·正諫》
5 □□□□□□有酒尚	（內容未詳）	
6 □□□臺	（內容未詳）	
7 噩王召孔子	楚昭王、子西	《說苑·雜言》《史記·孔子世家》
8 吳人入郢	陳懷公、逢滑	《說苑·善說》《左傳·哀公元年》《史記·陳世家》
9 芊尹棘□	申荀	《國語·吳語》《左傳·昭公十三年》
10 晉文公逐麋	晉文公、老古	《新序·雜事》《羣書治要》卷四十二有引《太平御覽》卷卅九有引
11 晉文君之時翟人獻衝狐	晉文公、欒枝	《說苑·政理》《韓非子·喻老》《金樓子·立言下》
12 韓武子田獸己取	韓武子、欒懷子	《說苑·君道》
13 簡子春築臺	趙簡子、尹鐸	《說苑·貴德》

〔註27〕釋文及相關資料據韓自強：〈二號木牘《春秋事語》章題及相關竹簡釋文考證〉，《阜陽漢簡《周易》研究》，頁 184～189。

14	晉文君伐衛	晉文公、公子慮	《說苑・權謀》《說苑・正諫》《列子・說符》
15	簡子有臣尹淖	趙簡子、尹綽；孔子評	《說苑・臣術》《呂氏春秋・達鬱》
16	簡子攻衛之附郭	趙簡子（內容未詳）	
17	夏徵舒弒陳靈公	無	《左傳・宣公十年》
18	靈王會諸侯	晉君、椒舉、司馬侯	《新序・善謀》《左傳・昭公四年、五年、七年、十二年》《史記・楚世家》
19	景公為臺臺成	晏子	《說苑・正諫》《晏子春秋・內篇諫下》
20	陽虎為難於魯	齊公、鮑文子	《說苑・權謀》《淮南子・人間訓》《左傳・定公九年》
21	晉韓宣子	晉韓宣子（內容未詳）	
	【背面】		
22	齊景公游於海	齊景公、顏斶	《說苑・正諫》《韓非子・十過》
23	□□陽虎	陽虎（內容未詳）	
24	衛靈公築□□	衛靈公（內容未詳）	
25	魏文侯與大夫飲	魏文侯、公乘不仁	《說苑・善說》
26	魯孟獻子聘於晉	魯孟獻子、晉宣子；孔子評	《新序・刺奢》《太平御覽》卷四百七十二有引
27	趙襄子飲酒五日	趙襄子、優莫	《新序・刺奢》
28	齊景公飲酒作樂	齊景公、梁丘子、晏子	《新序・刺奢》《晏子春秋・外篇、內篇諫上》《韓詩外傳九》
29	晉□□□	（內容未詳）	
30	□田子方問	田子方（內容未詳）	
31	□□□□亡	（內容未詳）	
	【殘片】		
32	楚莊王□□	楚莊王（內容未詳）	
33	魏文侯與田子方語	魏文侯、田子方	《說苑・復恩》
34	或謂趙簡子	趙簡子、左右	《說苑・君道》

35	晉平公[春築臺]	晉平公、叔向	《說苑‧貴德》
36	[衛]叔孫文子	衛叔孫文子、王孫夏	《說苑‧反質》
37	莊王不野	楚莊王（內容未詳）	
38	楚王	（內容未詳）	
39	□臺　晉	（內容未詳）	
40	介子	（內容未詳）	

【3-8】阜陽漢簡 3 號木牘章題內容之對話人物與傳世文獻關係表〔註 28〕

	3 號 木 牘 章 題	對 話 人 物	傳 世 文 獻
1	趙文子問於叔向曰晉六將軍其孰先亡	趙文子、叔向	《新序‧雜事》《淮南‧道應訓》
2	齊侯問於晏子曰忠臣之事君何若	齊景公、晏子	《說苑‧臣術》《新序‧雜事五》《晏子‧問上》
3	楚令尹死景公遇成公乾	景公、成公乾	《說苑‧臣術》
4	陳成子謂鴟夷子皮	陳成子、鴟夷子皮	《說苑‧臣術》
5	鄭子產如陳莅盟歸告大夫	子產	《左傳‧襄公三十年》
6	宋司成子罕之貴子韋也	子罕、左右	《說苑‧尊賢》
7	晉平公問於叔向曰歲饑民疫翟人攻我我將奈何	晉平公、叔向	《說苑‧善說》《新序‧雜事五》
8	晉平公問於師曠曰咎犯與趙衰孰賢	晉平公、師曠	《說苑‧善說》
9	管仲有疾桓公往問之	齊桓公、管仲	《說苑‧權謀》《管子‧戒、小稱》《呂覽‧知接》《韓非子‧十過、難一》
10	田子顏自大術至乎平陵城下	田子方	《說苑‧權謀》
11	晉人已勝智氏	楚王、梁公弘	《說苑‧權謀》
12	石益謂孫伯曰吳將亡矣	石益、孫伯	《說苑‧權謀》
13	中行文子出行至邊	中行文子、從者；孔子評	《說苑‧權謀》（孔子評語有收）《家語‧辨政》（只收孔子評語不收本事）《韓非子‧說林》（無孔子評語）

〔註28〕釋文及相關資料據胡平生：〈阜陽雙古堆漢簡與《孔子家語》〉，頁 521～522。

14	魯人攻費曾子辭於費君	鄪君、曾子	《說苑・尊賢》 《北堂書鈔》引《鹽鐵論》佚文
15	楚王子建出守於城父	王子建、成公乾	《說苑・辨物》
16	魏文侯出遊見路人反裘而負芻	魏文侯、路人	《新序・雜事二》
17	晉平公問於叔向曰昔者齊桓公九合諸侯	晉平公、叔向	《新序・雜事四》《韓非子・難二》
18	晉文公田於虢	晉文公、老者	《新序・雜事四》
19	晉平公過九京（原）而嘆	晉平公、叔向	《新序・雜事四》
20	葉公諸梁問樂王鮒	葉公、樂王鮒	《新序・雜事四》
21	先之以博愛而民莫遺其親	孔子、曾子	《孝經・三才章》
22	晉公子重耳亡之曹曹無禮焉	僖負羈、其妻	《左傳・僖公二十三年》 《國語・晉語四》
23	趙簡子問於翟封荼	趙簡子、翟封荼	《說苑・辨物》
24	趙襄子問於王子維曰吳之所以亡者何也	趙襄子、王子維	《新序・雜事五》
25	晉伐曹魯使臧文中往宿於重館	臧文仲、館人	《左傳・僖公三十一年》 《國語・魯語上》
26	楚昭王之時有雲如飛鳥夾日而飛	楚昭王、太史州黎	《說苑・君道》 《左傳・哀公六年》
27	司城子罕相宋	宋君、子罕	《說苑・君道》《韓詩・卷七》 《韓非子・外儲說右下》
28	晉文公伐原	晉文公、軍吏	《新序・雜事四》 《左傳・僖公二十五年》 《國語・晉語》《呂覽・爲欲》 《韓非子・外儲說左》 《淮南・道應訓》
29	韓宣子問於叔向曰子干其濟乎	韓宣子、叔向	《左傳・昭公十三年》
30	宋穆公疾召大司馬孔父而屬殤公焉	宋穆公、大司馬孔父	《左傳・隱公三年》
31	鄭伐宋宋人將與戰華元殺羊食士	華元	《說苑・貴德》 《左傳・宣公二年》
32	中行獻子將伐鄭范文子曰不可	中行獻子、范文子	《說苑・貴德》 《國語・晉語六》
33	楚子城陳蔡不羹使棄疾爲蔡公	楚王、申無宇	《左傳・昭公十一年》 《國語・楚語上》

34	晉侯謂女叔齊曰魯侯不亦善於禮乎	晉侯、女叔齊	《左傳・昭公五年》
35	晉三郤害伯宗僭而殺之	韓獻子、伯宗妻	《左傳・成公十五年》
36	趙簡子以襄子爲後	趙簡子、董安于	《說苑・建本》《淮南・道應訓》
37	簡子有臣尹鐸敢厥	趙簡子、尹綽；孔子評	《說苑・臣術》《呂覽・達鬱》
38	魏文侯從中山奔命安邑田子方後	魏太子與田子方、魏文侯與魏太子	《說苑・尊賢》
39	魏文侯問李克曰爲國如何	魏文侯、李克	《說苑・政理》
40	趙宣孟之絳見翳桑下有餓人	趙宣孟、桑下餓人	《說苑・復恩》《呂覽・報更》《左傳・宣公二年》
41	過而能改	士季 孔子 宋人、魯人	《左傳・宣公二年》 《家語・辯樂解》 《說苑・修文》（三者內容全不同）
42	詩云尸鳩在桑	無	《說苑・反質》《荀子・勸學》
43	鍥而不舍金石可鏤	無	《荀子・勸學》《大戴禮・勸學》
44	秦穆公乘車右服敗而野人取之	秦穆公、野人	《呂覽・愛士》《說苑・復恩》《韓詩・卷十》《淮南子・氾論訓》
45	感激憔悴之音作而民思憂	無	《說苑・修文》《禮記・樂記》《史記・樂書》
46	禮樂刑政所以同民心而出治道也	無	《說苑・修文》《禮記・樂記》《史記・樂書》
47	情動於中而形於聲聲成文謂之音	無	《說苑・修文》《禮記・樂記》《史記・樂書》
48	凡音者生於人心者也	無	《禮記・樂記》《史記・樂書》
49	齊景公以其子妻闔廬送諸郊	齊景公、高夢子	《說苑・權謀》
50	宋昭公出亡至於鄙喟然嘆曰	宋昭公	《新序・雜事》
51	楚令尹虞丘子復於莊王曰	楚莊王、虞丘子	《說苑・至公》
52	明主者有三懼	晉文公與侍者；齊桓公；齊景公與晏子	《說苑・君道》
53	晉獻公假道於虞而伐虢	晉獻公、荀息	《新序・善謀》《春秋・僖公二年、六年》三傳
54	視而不見聽而不聞	無	《禮記・大學》
55	宋元君夜夢神龜	宋元君、神龜、衛平	《莊子・外物》《史記・龜策列傳》

　　據整理者所言，阜陽漢簡此 3 塊木牘之中，第 3 號木牘之形制與文字風格自成一類，而與 1、2 號木牘之自成一類有所不同，然 3 塊木牘皆爲摘鈔之章題。

　　首先，以第 3 號木牘而言，此 3 號木牘共計有 55 個章題，除少數章題不見於傳世文獻中，多數皆可與傳世文獻對應。若將章題對照於傳世文獻並加以檢驗，則其性質與內容，多屬戰國時各國君臣間之問答紀錄，且多見於《說苑》、《新序》、《國語》，而此文獻內容之對話人物，多與孔子、孔子弟子無關。因此，3 號木牘可能爲〈後序〉所指涉之「諸國事」。

　　其次，以 1 號、2 號木牘而言，由於形制與文字風格一致，因此 2 塊木牘章題所指涉當時之文獻應指同一類。其中，1 號、2 號木牘亦有少數章題不見於傳世文獻，然多數章題皆可見於傳世文獻。若將章題對照於傳世文獻並加以檢驗，則其性質與內容，大致可分爲三類：第一類即與 3 號木牘相同之文獻，即戰國時各國君臣間之問答紀錄，此類章題主要以 2 號木牘之章題爲主，而 1 號木牘兼有一二則，此類亦可歸於〈後序〉所謂「諸國事」。第二類爲孔子弟子之相關談話記錄，多爲當時各國君臣與七十二子之問答記錄，此類章題主要以 1 號木牘爲主，其文獻內容多未涉及孔子，可歸類爲〈後序〉所謂之「七十二子辭」。第三類爲孔子與弟子或各國君臣問答之紀錄，此類章題主要以 1 號木牘爲主，文獻內容之最大特色，即其中必有孔子，此類可歸爲〈後序〉所謂「孔子之言」。

　　以阜陽漢簡 1 號、2 號、3 號章題而言，1 號木牘之章題，實際上包含上述「孔子之言」、「七十二子辭」與「諸國事」，而以「孔子之言」與「七十二子辭」爲主，兩者並無明顯之分際，至於 2 號木牘之章題，則以「諸國事」居多。由於 1 號、2 號木牘之形制與文字風格相同，因此可以判定屬於同一集合文獻，而此 1 號、2 號木牘，內容包含〈後序〉所謂之「孔子之言」、「七十二子辭」、「諸國事」等文獻性質，由此可見〈後序〉所謂此三種文獻相互「錯雜」，是符合阜陽漢簡之文獻性質。

3. 以定縣漢簡為例

　　再以定縣漢簡而言，其入墓時間爲漢宣帝五鳳三年（55B.C.），若再參照〈後序〉之記載，此時《家語》已經撰集而成。蓋〈後序〉提及此孔安國獲得此批文獻在漢武帝元封之時，而元封共有六年（110～105B.C.），此六年之間當爲《家語》編纂成書之重要階段。因此，若據〈後序〉之記載，定縣漢

簡入墓時間距《家語》之成書約已五十年左右。

以下先就定縣漢簡《儒家者言》各章首句，及其對話人物、與傳世文獻重見之關係，製成下表：

【3-9】定縣漢簡《儒家者言》內容之對話人物與傳世文獻關係表〔註29〕

	定縣漢簡《儒家者言》	對 話 人 物	傳 世 文 獻
1	曰明主有三懼一曰……	晉文公與侍者；齊桓公；齊景公與晏子	《說苑・君道》、《韓詩外傳七》、
2	子贛（貢）問孔子曰賜為人下如不知為……	孔子、子貢	《說苑・臣術》、《荀子・堯問》、《韓詩外傳七》、《家語・困誓》
3	曾折援〔木擊曾子□〕……	曾子、孔子	《說苑・建本》、《韓詩外傳八》《家語・六本》
4	伐陳西門□因使其降民修之□……	孔子、子路	《說苑・立節》、《韓詩外傳一》
5	桓公謂管仲曰諸侯……	齊桓公、管仲	《說苑・貴德》、《史記・齊太公世家》
6	□漁者曰天暑而得刀〔之不□□〕……	孔子、門人、漁者	《說苑・貴德》、《家語・致思》
7	〔閑處〕喟然嘆曰銅鞮柏□……	孔子、子路	《說苑・尊賢》、《家語・賢君》
8	于大廟右陛之前有銅……	孔子與弟子、孔子與老子	《說苑・敬慎》、《家語・觀周》、《太公金匱》
9	齊景公問子贛（貢）曰子誰師……	齊景公、子貢	《說苑・善說》
10	襄子問中（仲）尼曰先生行見……	趙襄子與孔子；孔子與子路	《說苑・善說》
11	子曰犢主澤鳴晉國之賢□……	趙簡子；孔子與子路	《說苑・權謀》、《家語・困誓》、《三國志・劉廙傳》注引《新序》（今本無）、《史記・孔子世家》、《孔叢子》
12	之匡間（簡）子欲殺陽虎孔子似之……	孔子	《說苑・雜言》、《韓詩外傳六》、《家語・困誓》、《莊子・秋水》
13	君子道四彊（強）于行弱于辭□……	孔子	《說苑・雜言》、《家語・六本》

〔註29〕釋文及相關資料據定縣漢墓整理組（國家文物局古文獻研究室、河北省博物館、河北省文物研究所）：《〈儒家者言〉釋文》，《文物》1981年，第8期總第303期，頁13～19。

14	何中（仲）尼曰新交取親……	孔子、子路	《說苑・雜言》、《家語・子路初見》
15	路行辭于孔……	孔子、子路	《說苑・雜言》、《家語・子路初見》
16	曾子有疾公猛義往問之曾子言曰……	曾子、孟儀	《說苑・修文》
17	張網者四面張如祝之□……	湯、祝網者	《新序・雜事五》、《呂氏春秋・異用》、《新書・諭誠》、《史記・殷本紀》、《淮南子》
18	〔王〕居部使人治池得人……	周文王、吏曰	《新序・雜事五》、《呂氏春秋・異用》、《新書・諭誠》、《淮南子》
19	崔子□□……	崔杼、太史；君子評	《新序・義勇》、《晏子春秋・雜上》、《呂氏春秋・知分》、《淮南子》
20	之屈廬曰……	白公勝、屈廬	《新序・義勇》
21	〔于魯〕……	孔子與子貢與晏子、晏子與魯昭公	《晏子春秋・雜篇》、《韓詩外傳四》
22	故人主孝則名……	無	《呂氏春秋・孝行覽》
23	子惡言不出于口蘩言不反于己□	樂正子春、門弟子	《禮記・祭義》、《大戴禮記・大孝、本孝》
24	膚受諸父母曾子	孔子、曾子	《孝經》
25	□也子路曰然願聞成人孔＝（孔子）曰	孔子、子路	《論語・憲問》
26	〔林放問禮〕	孔子、林放	《論語・八佾》
27	〔問□告朔〕	孔子、子貢	《論語・八佾》

　　定縣漢簡《儒家者言》計有廿七章，其中依其文獻性質可分爲：第一，有關孔子之言論者，此數章亦多數見於《家語》者，應屬〈後序〉所謂「孔子之語」一類型之文獻。第二，有關戰國時各國君臣間之問答紀錄，此應屬〈後序〉所謂「諸國事」一類型之文獻。第三，有關孔子弟子之相關談話記錄，多爲當時各國君臣與七十二子之問答記錄，應屬〈後序〉所謂「七十二子辭」一類型之文獻。第四，與今本《論語》、《孝經》有關，此一部份應與〈後序〉所謂「與《論語》、《孝經》并時」有密切關係。

　　由於上博簡、阜陽漢簡、定縣漢簡乃三種不同時代入墓之文獻，其時間差距百年以上，具有一定程度之觀察標準，而此三種不同文獻，卻相同反映出〈後序〉所謂「孔子之語」、「諸國事」與「七十二子辭」相互「錯雜」此一事實，則〈後序〉所言並非向壁虛造，乃有其學術背景之依據。至於此批集合文獻，是否眞如〈後序〉所謂乃「妄相錯雜」，則難以論定。蓋出土文獻

所能證明者，乃此批文獻本身即屬一相同羣體，而非此批集合文獻是否真為「妄雜」，若真欲證明此批集合文獻實為妄雜之文獻，則前提必需另有一非「妄雜」之相對文獻，加以檢驗後方能證明。

二、由上博簡、阜陽漢簡、定縣漢簡等相關材料觀察《家語》之成書

（一）《民之父母》與《家語》之成書

上博簡《民之父母》亦見於《禮記‧孔子閒居》、《家語‧論禮》，然其文獻所屬時代約為戰國中晚期，較《禮記》、《家語》之編成為早，因此用以考察《家語》之成書，具有指標意義。

《民之父母》與〈孔子閒居〉、〈論禮〉二篇之差異，據整理者初步研究指出約有下列五點：第一，「竹書內容與今本簡繁不同」。第二，「竹書與《禮記‧孔子閒居》『五起』次序不同」。第三，「竹書與《孔子家語‧論禮》所記載的『五起』內容不同」。第四，「用字、用詞不同」。第五，「有些重要的句子，為今本所無」。〔註30〕以上述五點而言，實為觀察《家語》成書之重要依據，尤其是編纂《家語》者如何對《民之父母》一篇整理成現今《家語》之〈論禮〉一篇。然此面向牽涉範圍極廣，今暫不深入涉及，惟於此處指出二項《家語》成書之重要觀點：第一，《家語》篇名多已經過孔安國之重新擬定。第二，《家語》結合較長之二篇而成〈論禮〉一篇。以下就此二點，稍加論述。

1. 篇名之擬定

上博簡《民之父母》可對應於《家語》之〈論禮〉一篇，然〈論禮〉一篇卻包含兩個部分，前半部份由「孔子閒居，子張、子貢、言游侍，論及於禮」至「三子者既得聞此論於夫子也，煥若發矇焉」數段組成，內容為子張、子貢、言游三人向孔子問禮之相關記錄。後半部份則由「子夏侍坐於孔子曰」至「弟子敢不志之」數段組成，內容為子夏向孔子問禮之相關記錄，而後半部份即與上博簡《民之父母》可以對應。

《民之父母》出土時並未發現篇題，於是整理者依據本篇主題加以命名。然不論《民之父母》是否有篇題，《家語》以「論禮」名篇，實際上與先秦名

〔註30〕馬承源主編、濮茅左釋文：《上海博物館藏戰國楚竹書二‧民之父母》，頁149～180。

篇之習慣有所不同。以上博簡爲例，凡篇之有名者，多以簡首數字爲題，或以篇內主要關鍵字詞名篇，今將上博簡名篇與首簡之字製成下表：

【3-10】上博簡名篇方式一覽表

上博簡出土時有篇名者	名　　篇　　方　　式
《子羔》	篇內有「子羔」二字，摘取二字爲篇名。
《容成氏》	篇內有「容成氏」三字，摘取三字爲篇名。
《中弓》	篇內有「仲弓」二字，摘取二字爲篇名。
《亙先》	篇內有「恆先」二字，摘取二字爲篇名。
《內豊》	篇內未見「內禮」二字連用，未知名篇方式。
《曹沫之陳》	篇內未見「曹沫之陳」四字連用，未知名篇方式。
《競建內之》	篇內未見「競建內之」四字連用，未知名篇方式。
《鮑叔牙與隰朋》	篇內未見「鮑叔牙與隰朋」六字連用，未知名篇方式。
《競公瘧》	篇內有「齊景公疥瘧」五字，摘取三字爲篇名。
《莊王既成》	篇內有「莊王既成無敵」六字，摘取六字名篇。
《愼子曰恭儉》	篇內有「愼子曰恭儉以立身」八字，摘取五字名篇。

由以上十一篇觀之，除《內豊》、《曹沫之陳》、《競建內之》、《鮑叔牙與隰朋》四篇內未見各篇篇名之連用以外，其餘名篇方式皆摘取篇內之關鍵詞彙名篇爲主。然此四篇內，《鮑叔牙與隰朋》一篇篇內雖未見此六字連用，但通篇之內皆以此二人之對話爲主，故摘取此二人之名名篇，仍可歸屬於以摘取篇內之關鍵詞彙名篇爲方式，而篇名本身並未牽涉篇內主旨。至於《內禮》、《曹沫之陳》、《競建內之》三篇之名篇方式，仍有待觀察。然大致而言，上博簡中之有篇名者，其篇名本身並無多大深意。

由此觀之，《家語》將《民之父母》一類之材料，名爲〈論禮〉，與上博簡之名篇習慣不同，而《禮記》則將其名爲〈孔子閒居〉，則仍習先秦名篇舊例。

2. 合較長之二篇而成一篇

關於上博簡《民之父母》之出土過程，整理者指出：

> 本篇共十四簡，總三百九十七字，其中重文三，合文六。內容基本完整，現狀良好。由於十四枝簡從出土、流傳到實驗室剝離前，一直被保存在原始出土的泥方中，儘管泥方上部及外周在流散過程中有損，造成簡首略有殘損，以及有二枝簡殘去半段，但這十四枝簡

　　　　是完全可以連續編聯的，且所殘文字可以通過今本得以補出。〔註31〕
由其敘述觀之，《民之父母》一篇大致保存完好，而其內容基本上亦屬完整，且
此14簡皆可編聯。其中惟有第五簡爲完簡，簡長爲45.7釐米，而第14簡有墨
鉤「∠」符號，表示此篇至此結束，而此篇結束後隨即留白，不另鈔文字。此
外，第1簡簡長42.5釐米，簡首殘缺，而起首三字爲「夏問於」，據簡本內容
及今本，可補「子」字。然「子」字之前並無他字，若結合墨鉤「∠」此一符
號觀之，則代表此篇當爲獨立鈔寫不與他篇合鈔。蓋第1簡「夏」字至「問」
字約1.1釐米，而「問」字至「於」字約1.2釐米，以此上推「子」字至「夏」
字，亦約略爲1.1至1.2釐米之間。然第一簡並非完簡，其長42.5釐米，若補
上「子」字，約佔1.1至1.2釐米，取其大者則殘簡42.5釐米加上1.2釐米即爲
43.7釐米。再以完簡第5簡爲例，其簡首至首字約留白2釐米，則第1簡「子」
字開頭至簡尾已爲43.7釐米，若加2釐米之留白，則第1簡長度已至45.7釐米，
與第5簡完簡長度45.8釐米約同，故「夏」字之前所補之「子」字後，已不容
他字，故《民之父母》應爲首尾完整之獨立篇章。

　　　　以今本《家語》觀之，簡本之《民之父母》可對應於《家語》之〈論禮〉
一篇，然〈論禮〉一篇卻包含兩個部分，前半部份由「孔子閒居，子張、子貢、
言游侍，論及於禮」至「三子者既得聞此論於夫子也，煥若發矇焉」數段組成，
此部分於《禮記》爲獨立一篇，名爲〈仲尼燕居〉，後半部份由「子夏侍坐於孔
子曰」至「弟子敢不志之」數段組成，此部分於《禮記》亦獨立爲一篇，名爲
〈孔子閒居〉，正在〈仲尼燕居〉之前，亦即於《家語・論禮》一篇之前後兩部
分，《禮記》各自獨立爲前後二篇。

　　　　然以《民之父母》而言，不論從其出土過程或以其形制而言，當屬一篇獨
立之文獻，即使《民之父母》與《家語・論禮》前半部份即《禮記》之〈仲尼
燕居〉關係密切，然兩者仍屬獨立之二篇。若以《禮記》觀之，其分〈仲尼燕
居〉、〈孔子閒居〉爲二篇以及其名篇之方式，皆循舊例而來，與《民之父母》
之安排，較爲接近。反觀《家語》，其并兩篇爲一篇，已與《民之父母》、《禮記》
有所不同，復題名爲〈論禮〉，以其內容之特點與主旨作爲名篇依據，又與《禮
記》依循舊例之名篇方式，亦復不同。

　　　　由此觀之，《家語》之成書過程，應當存在著編纂者針對某些原本可能獨
立之篇章，將性質近似之二篇或數篇匯成一篇。此一編纂特色，已明顯透露

〔註31〕同前註，151。

出編纂者之價值意識，亦即《家語》之編纂，已非全然作爲文獻之保存而已，實際上在編纂時，已經過某種有意識之聚集與匯集。

（二）阜陽漢簡與《家語》之成書

1. 漢簡中「孔子之語、七十二子辭」與「諸國事」之分隔已趨成熟

　　阜陽漢簡、定縣漢簡與〈後序〉所謂之「孔子之語」、「諸國事」、「七十二子辭」三類型之文獻「妄相錯雜」，而〈後序〉又言此批文獻後來重新獻入祕府之中，並由孔安國私因人事而募求其副本，於是孔安國亦有此批文獻。上述已謂〈後序〉敘述漢初之際「孔子之語」、「諸國事」、「七十二子辭」之流傳過程，實際上與阜陽漢簡、定縣漢簡類似，因此以此兩類之漢簡觀察《家語》之成書，有其代表性。

　　阜陽漢簡三塊木牘章題之中，整理者以爲 3 號木牘之形制與文字風格，與 1、2 號木牘不同，可謂自成一類。此二類之木牘中，上述已依其章題內容可概括爲〈後序〉所謂「孔子之語」、「諸國事」、「七十二子辭」三種類型，然未針對各章內容進行細分，以下則有必要再進行細分。

　　以「孔子之語」而言，若以對話人物進行分類，尚可分爲「孔子自言或與非弟子之人互言」、「孔子與弟子互言」二種類型。至於「諸國事」者，凡與孔子及其弟子再傳弟子等無關，且爲先秦時各國君臣間之問答記錄者，皆可屬之。至於「七十二子辭」一類，若依對話人物進行分類，則約類可劃分「孔子子孫自言」、「孔子與弟子互言」、「孔子弟子自言或與他人互言」三種。以理論而言，「孔子與弟子互言」一類型之對話，若無明顯之析離標準，則既可歸類爲「孔子之語」，亦可歸類爲「七十二子辭」，然《家語》中並未明顯指出凡對話類型屬於「孔子與弟子互言」者，當歸入「孔子之語」抑或「七十二子辭」，因此兩邊各設一種以求穩當。至於「內容未詳或無對話場景」者，則自成一類，不與上述三種相混。以下先就三塊木牘章題內容，依上述類別劃分如下：

【3-11】阜陽漢簡 1、2、3 號木牘章題內容與分類

內容＼木牘		1 號木牘章題	2 號木牘章題	3 號木牘章題
孔子之言	孔子自言或與非弟子之人互言	3、4、13、14、15、17、21、22、24、35、42、45	15、26	13、41
	孔子與弟子互言	7、12、19、20、23、25、26、27、28、32、38、40、41、43、44、46		21

七十二子辭	孔子子孫自言	2		
	孔子與弟子互言	7、12、19、20、23、25、26、27、28、32、38、40、41、43、44、46		
	孔子弟子自言或與他人互言	8、9、10、11、30、31、39		14
諸國事		5、6	3、4、7、8、9、10、11、12、13、14、15、17、18、19、20、22、25、26、27、28、33、34、35、36	1、2、3、4、5、6、7、8、9、10、11、12、13、15、16、17、18、19、20、22、23、24、25、26、27、28、29、30、31、32、33、34、35、36、37、38、39、40、41、44、49、50、51、52、53、55
內容未詳或無對話場景		1、16、18、29、33、34、36、37、47	1、2、5、6、16、21、23、24、29、30、31、32、37、38、39、40	42、43、45、46、47、48、54
木牘形制字形風格		兩者相同		與前二者不同

　　就上表稍作觀察，由於 1、2 號木牘形制與字形風格一致，則此二種木牘所記載之章題，應當可視為「針對同批文獻」所摘鈔之章題。若與今本傳世文獻相核後，1 號木牘章題之內容多數可歸入「孔子之語」與「七十二子辭」之中，而 2 號木牘章題之內容中，則多數可歸入「諸國事」。至於 3 號木牘章題之內容，則與 2 號木牘相同，多數可歸入「諸國事」之中。

　　就以上述此現象而言，〈後序〉以為「孔子之言」、「諸國事」、「七十二弟子辭」三類型之文獻「妄相錯雜」一事，雖符合此一現象，但參照上表後亦未必全然為是。蓋上表所透露之訊息，於某種程度而言應當為「錯中有序」、「雜而不亂」。蓋此三塊木牘，雖然可以上述三種類型加以區分，然於「孔子之言與七十二子辭」及「諸國事」兩大文獻類形亦已有初步區隔，故 1 號木牘章題多摘鈔與「孔子之語」、「七十二子辭」相關者，而 2 號、3 號木牘章題多摘鈔與「諸國事」相關者，若此三類文獻真如〈後序〉所謂之「妄相錯雜」，則應當 2、3 號也該摘鈔不少「孔子之語」及「七十二子辭」方是，然〈後序〉言其「妄相錯雜」，雖與阜陽漢簡章題不盡相同，此亦有可能為此批集合文獻重回祕府後，又經過一次傳鈔所產生之變化，未必〈後序〉所言為非，惟此

處已無多餘材料可供檢驗。

　　要之，若先不論 3 號木牘章題，單就 1、2 號章題而言，兩者已有「孔子之語、七十二子辭」與「諸國事」二種類型之區隔，而此二塊木牘形制與文字風格相同，因此所摘鈔之文獻當屬同批，而此 1 號、2 號木牘所反映出「孔子之語、七十二子辭」與「諸國事」之分別，目前尚未能判定是摘鈔者加以區別，抑或文獻本身即有所區隔，而摘鈔者乃照原有之區隔方式加以謄錄，此處已不得而知。然無論如何，此種區隔已透露出一項重要事實，即此批集合文獻未返回祕府之前，已約略可區分爲「孔子之語、七十二子辭」與「諸國事」二大類型，而此一種分法，對於〈後序〉「孔子之語」不應與「七十二子辭」、「諸國事」之文獻「妄相錯雜」一觀念，應當有所影響。亦即阜陽漢簡章題中，已有將「孔子之語、七十二子辭」與「諸國事」區隔之成熟概念，而〈後序〉則可進一步延伸並將「七十二子辭」由「孔子之語、七十二子辭」中析離出來。

2.「孔子之語、七十二子辭」之進一步析離

　　〈後序〉既謂「孔子之語」與「諸國事」、「七十二子辭」等文獻，「妄相錯雜」，則其背後所蘊含之強烈立場，即「孔子之語」不應與「諸國事」、「七十二子辭」相互錯雜，故其透露出之編纂原則，即欲將「孔子之語」與「諸國事」、「七十二子辭」析離。

　　以阜陽漢簡章題觀之，此三塊木牘已初步將「孔子之語」與「諸國事」、「七十二子辭」三種集合文獻，析離爲「孔子之語、七十二子辭」與「諸國事」二大類型。此種析離原則，於初步具備儒家學術意識者，皆可輕易加以析離，蓋「諸國事」內容皆與孔子及其弟子之對話無關。然真正困難之處，在於如何將「孔子之語、七十二子辭」進一步析離？以下先將三塊木牘之內容與傳世文獻之對應關係製成下表：

【3-12】阜陽漢簡 3 塊木牘中「孔子之語」、「七十二子辭」、「諸國事」之分類情形

木牘 內容		1 號木牘	2 號木牘	3 號木牘	與傳世文獻 可對應者
孔子之言	孔子自言或與非弟子之人互言	4、13、14、15、17、21、22、24、35、42、45		13、41	《孔子家語》
		3、4、13、14、15、17、21、22、24、42	15、26	13、41	《說苑》《新序》
		45			《禮記》

		35			《荀子》
				41	《左傳》
				21	《孝經》
	孔子與弟子互言	7、12、19、20、23、25、26、27、28、32、38、41、44、46			《孔子家語》
		7、12、19、20、23、25、26、27、28、32、38、40、41、44、46			《說苑》
		40、43			《韓詩外傳》
		43			《晏子春秋》
七十二子辭	孔子子孫自言	2			《說苑》
	孔子與弟子互言	參照「孔子之言」一欄中之「孔子與弟子互言」			
	孔子弟子自言或與他人互言	8、9、10、11、30、31、39		14	《說苑》
		39			《論語》
	諸國事			13、41	《孔子家語》
		5、6	3、4、7、8、10、11、12、13、14、15、18、19、20、22、25、26、27、28、33、34、35	1、2、3、4、6、7、8、9、10、11、12、13、15、16、17、18、19、20、23、24、26、27、28、	《說苑》《新序》
			36	31、32、36、37、38、39、40、41、49、50、51、52、53	
			9、17	5、22、25、26、28、29、30、31、33、34、35、40、41、53	《左傳》
			9	22、25、28、32、33	《國語》
				2、	《晏子春秋》
				27、44	《韓詩外傳》
				55	《莊子》《史記》

	1、16、18、29、33、34、36、37、47	1、2、5、6、16、17、21、23、24、29、30、31、32、37、38、39、40		
內容未詳或無對話場景			42	《荀子》《說苑》
			43	《荀子》《大戴禮記》
			45、46、47	《史記》《禮記》《說苑》
			48	《史記》《禮記》
			54	《禮記》
木牘形制字形風格	兩者相同		與前二者不同	

「孔子之語」一類型之文獻內容，本身亦可細分爲「孔子自言或與非弟子之人互言」、「孔子與弟子互言」二種。至於「七十二子辭」一類型之文獻內容，亦可細分爲「孔子子孫自言」、「孔子與弟子互言」、「孔子弟子自言或與他人互言」三種。此處之所以於「孔子之語」與「七十二子辭」中皆立有「孔子與弟子互言」一類，考量因素在於此類型之對話人物爲孔子及其弟子，若無明顯之析離標準，實際上編纂者初步面臨此類文獻，既可歸類於「孔子之語」，亦可歸類爲「七十二子辭」，故此表皆各設一欄，以求穩當。

以上表觀之，三塊木牘章題中，「孔子之語」一類型之文獻內容，多數可見於《家語》一書，由此可推論出「孔子自言或與非弟子之人互言」、「孔子與弟子互言」二種類型之文獻內容，皆已爲編纂者採入《家語》之中。此一現象透露出編纂者不視三塊木牘章題中有關「孔子與弟子互言」之文獻內容，屬於「七十二子辭」，因此多數採入《家語》之中，而凡與「孔子自言或與非弟子之人互言」，亦已多數採入《家語》之中，觀此間採入之原則，當以「孔子」爲標準，與孔子有關之言論者，皆可採入《家語》之中，此亦側面反映出〈後序〉對「孔子之語」一類型文獻之重視。

再以「七十二子辭」一欄觀之，此處細分爲「孔子子孫自言」、「孔子與弟子互言」、「孔子弟子自言或與他人互言」三種類型，然由於「孔子與弟子互言」皆多數採入《家語》之中，因此編纂者不視此類型屬於「七十二子辭」，

至於編纂者心目中所謂之「七十二子辭」應與「孔子子孫自言」、「孔子弟子自言或與他人互言」此二類型有關。然而由於章題中「孔子子孫自言」惟有一則，未能直接論斷編纂者是否即視此類為「七十二子辭」，然至少「孔子弟子自言或與他人互言」一類型之文獻，皆未採入《家語》之中，因此編纂者所認定之「七十二子辭」，有一部份當屬於此類。

（三）定縣漢簡與《家語》之成書

定縣漢簡《儒家者言》之入墓時間，雖在〈後序〉所謂《家語》成書於武帝時期之後，但未能確定此批漢簡之流傳是否在武帝之前即有。然由於定縣漢簡計有 14 章亦重見於阜陽漢簡，而定縣漢簡《儒家者言》整理者共訂為27 章，其一半以上與阜陽漢簡可互相對應，則定縣漢簡之《儒家者言》此批文獻，不當於武帝後方始流傳與出現，極有可能與阜陽漢簡相同，於武帝之前已有流傳。〔註32〕

1. 「孔子之語、七十二子辭」之進一步析離

定縣漢簡亦可依〈後序〉所謂「孔子之言」、「諸國事」、「七十二子辭」，今再細分如下表：

【3-13】定縣漢簡《儒家者言》內容與分類

木牘　　內容		《儒家者言》
孔子之言	孔子自言或與非弟子之人互言	12、13
	孔子與弟子互言	2、3、4、6、7、8、10、11、14、15、21、24、25、26、27
七十二子辭	孔子子孫自言	
	孔子與弟子互言	2、3、4、6、7、8、10、11、14、15、21、24、25、26、27
	孔子弟子自言或與他人互言	9、16
諸　國　事		1、5、17、18、19、20、23
內容未詳或難以判定		22

以此表觀之，可發現定縣漢簡與阜陽漢簡最大不同之處，在於「孔子之

〔註32〕定縣漢簡與阜陽漢簡可對應之章節，可參照下表：

阜陽漢簡／章序	4	6	8	11	12	19	23	28	38	39	40	43	44	46
定縣漢簡／章序	12	20	9	10	11	14	2	6	7	16	4	21	15	8

語、七十二子辭」與「諸國事」之比例不同。定縣漢簡計有 7 章可歸入「諸國事」，除去內容不詳者 1 章之外，其餘 19 章皆可歸入「孔子之語、七十二子辭」，而阜陽漢簡三塊木牘中，比例仍以「諸國事」較高。然若單就 1 號木牘與定縣漢簡《儒家者言》相較，則兩者以「孔子之語、七十二子辭」偏多，則屬一致。以下再就定縣漢簡《儒家者言》與傳世文獻之關係，製成下表：

【3-14】定縣漢簡《儒家者言》中「孔子之語」、「七十二子辭」、「諸國事」之分類情形

內　容 ＼ 木　牘		《儒家者言》	與傳世文獻可對應者
孔子之言	孔子自言或與非弟子之人互言	12、13	《孔子家語》
		12、13	《說苑》
		12	《韓詩外傳》
	孔子與弟子互言	2、3、6、7、8、11、14、15、	《孔子家語》
		2、3、4、6、7、8、11、14、15	《說苑》
		2	《荀子》
		25、26、27	《論語》
		24	《孝經》
		21	《晏子春秋》
		2、3、4、21	《韓詩外傳》
七十二子辭	孔子子孫自言		
	孔子與弟子互言	參照「孔子之言」一欄中之「孔子與弟子互言」	
	孔子弟子自言或與他人互言	9、10、16	《說苑》
諸　國　事		1、5、17、18、19、20	《說苑》《新序》
		17、18、19	《呂氏春秋》
		19	《晏子春秋》
		1	《韓詩外傳》
		5、17	《史記》
		23	《大戴禮記》《禮記》
內容未詳或無對話場景		22	《呂氏春秋》

　　以此表觀之，「孔子與弟子互言」一類型之多數章節已由編纂者採入《家語》之中，則定縣漢簡關於「孔子與弟子互言」此一類文獻，編纂《家語》者並不視為「七十二子辭」。至於「七十二子辭」中「孔子弟子自言或與他人

互言」皆未採入《家語》之中，且其對話性質與阜陽漢簡「孔子弟子自言或與他人互言」一類型相同，則可確定編纂《家語》者視此類文獻性質屬於「七十二子辭」，故不採入《家語》之中。至於「孔子之言」中之「孔子自言或與非弟子之人互言」一類型文獻，皆已採入《家語》，與《家語》處理阜陽漢簡同屬「孔子自言或與非弟子之人互言」一類型文獻之方式，大抵相同，則亦可確定編纂《家語》者視「孔子自言或與非弟子之人互言」一類型之文獻，歸屬於「孔子之語」之中。

由阜陽漢簡與定縣漢簡觀之，《家語》之編纂，最大特色在於將「孔子之語」與「七十二子辭」兩類文獻作析離。再者，由阜陽漢簡、定縣漢簡與「孔子之語」、「七十二子辭」之文獻內容觀之，其篇幅多屬短小之章節，與《民之父母》之長篇不同，由此亦可見《家語》之成書過程中，實際上收錄了較長之篇與較短之章，而此一現象反映出編纂者不在意篇幅之長短，而在意文獻內之實質意涵，故文獻內容可長可短。

第五節　武帝以後《家語》之流傳情形

〈後序〉言《家語》成書於武帝元封之際，並於孔安國、孔衍之時皆曾企圖上奏列於學官，然兩次皆功敗垂成。此後，〈後序〉則未言及《家語》流傳之相關情形，直至王肅〈序〉提及《家語》為孔猛（孔子之孫）先人之書，則可據此得知《家語》可能於武帝之後轉為家傳方式流傳。然《家語》是否為於武帝之後轉以家傳方式流傳，除王肅〈序〉提及以外並無其他材料可供研究。再者，若《家語》於武帝之後真以家傳方式流傳，則當時恐流傳未廣，既然流傳未廣，則欲有其他資料可供研究，亦屬空談。

今欲觀察《家語》於武帝之後是否轉為家傳方式，仍須以《家語》一書作為觀察對象，而觀察方式又當以避諱為主。蓋西漢時已有避諱制度，不論是否嚴格，若於兩漢之時已有流傳，則此書於轉相傳鈔之際，或多或少當有避諱痕跡。如其流傳愈廣轉鈔次數愈多，則其所避諱之痕跡當亦愈加複雜。因此，考察此書之避諱複雜程度，可約略推論出此書之流傳情形。換言之，如《家語》一書於武帝之後轉為家傳方式，則其流傳將未廣泛，亦無多加轉相傳鈔之必要。蓋此書有先人墨跡，後世子孫若再多加傳鈔，則既失真實，又失珍貴之意，故子孫即有傳鈔，亦當作備份傳習之用，絕無多量傳鈔之可能性。因此，若〈後

序〉、王肅〈序〉所謂《家語》於武帝之後轉以家傳方式流傳，則書內之避諱複雜程度，應當不出現於武帝之後。反之，〈後序〉提及《家語》之材料於武帝前，曾經散落於民間，則此書於武帝前之避諱程度，應當較爲複雜，否則即與〈後序〉所言不符。以下就《家語》全書之避諱情形，考證如下。

一、《家語》所見漢帝名諱及其避諱改字考

　　關於《家語》一書中所出現之漢帝名諱，及其避諱改字情形，學界雖已有所關注，然爲數既少亦不全面。如胡平生於〈阜陽雙古堆漢簡與《孔子家語》〉一文中，舉《家語》出現「啓蟄不殺」之「啓」字、「滿而不盈」之「盈」字、「薛邦」之「邦」字，而於其他相對應之文獻中，如《大戴禮記》、《左傳》、《史記》等書，因避漢帝名諱而改作「開蟄不殺」、「滿而不滿」、「鄭國」，於是證明《家語》所依據之材料當屬較早者，其說即屬此例之運用。〔註33〕觀其所舉之例證，確無疑義，然尚有以下二點，可值得深入研究：

　　其一，可對《家語》所出現之漢帝名諱及其避諱改字情形，做全面觀察。胡平生一文限於篇幅，故其所舉例證不多，雖可用以說明《家語》所依據之材料當屬較早者，然若能進行全面觀察，亦可建構出《家語》於兩漢流傳之情形。蓋《家語》於兩漢流傳情形，可供研究之材料相當缺乏，然若能以漢帝名諱爲時序，將《家語》書中所出現之漢帝名諱一一羅列，一方面觀察其對應文獻之帝諱字作何處理，一方面又觀察《家語》出現帝諱字之多寡後，於建構兩漢時期《家語》之流傳情形，甚有助益。

　　其二，可對《家語》書中之反例，進行全面觀察。若以《家語》一書之中，所出現之漢帝名諱，如「邦」、「盈」、「啓」字等，於其他文獻皆改作他字，如「國」、「滿」、「開」字等現象視爲正例，則其反例即指其他文獻作漢帝名諱之字，而於《家語》可對應之處，已出現改字情形。今觀胡平生一文，於正例之處所舉不少，但卻缺乏反例。持平而論，反例存在之重要性，實不下於正例，蓋正例之存在，如果代表《家語》屬於較早之材料，則反例之現象正意味此材料已經過漢儒之重定，故全面觀察《家語》中之反例情形，於建構此書之流傳，亦有極重要之意義。

　　基於上述兩點，本節即以漢帝爲時序，一一考證出《家語》於帝諱字、

〔註33〕胡平生：〈阜陽雙古堆漢簡與《孔子家語》〉，頁536～537。

避諱改字之正例、反例情形於下，再於下節據以論述《家語》於兩漢之流傳情形。

（一）西　漢

1. 漢高祖（206～195B.C.）諱邦以國字代

【3-15】《家語》所見高祖名諱正例、反例表

《家語》作「邦」字者	重出文獻相對應之文句	說　明
絕世，舉廢邦〈哀公問政〉	繼絕世，舉廢國。《禮記・中庸》	《禮記》改字
孔子曰：「《詩》云：……，以御于家邦。」〈困誓〉	孔子曰：「《詩》云：……，以御于家邦。」《荀子・大略》	皆無改字
無服之喪，施及萬邦。〈論禮〉	無服之喪，以畜萬邦。《禮記・孔子閒居》	皆無改字
薛邦，字子從。〈七十二弟子解〉	鄭國，字子徒。《史記・仲尼弟子列傳》，又《索隱》：《家語》薛邦字徒，《史記》作「國」而《家語》稱「邦」者，蓋避漢祖諱而改。「鄭」與「薛」，字誤也。《正義》：《家語》云薛邦字徒，史記作「國」者，避高祖諱。「薛」字與「鄭」字誤耳。	《史記》改字
《詩》云：「樂只君子，邦家之基……。」〈正論解〉	《詩》曰：「樂只君子，邦家之基。」《左傳・昭公十三年傳》	皆無改字
……謂子路曰：「……禮，居是邦則不非其大夫。」〈曲禮子夏問〉	……謂子路曰：「……禮，居是邑不非其大夫。」《荀子・子道》	《荀子》改字
《家語》作「國」字者	重出文獻相對應之文句	說　明
學子此法，魯國何如？……雖天下可乎？何但魯國而已哉……。〈相魯〉	相對應之文獻無相同或相似字句。	無法判定
國家必先以孝……。〈始誅〉	為國家必以孝……。《荀子・宥坐》	皆無改字
子曰：「……雖有國之良馬……。」〈王言解〉	子曰：「……雖有國馬……。」《大戴禮記・主言》	皆無改字
五十里而都，封百里而有國。同上	五十里而封，百里而有都邑。《大戴禮記・主言》	國、邑疑為改字
國恥，足以興之……。〈大婚解〉	國恥，足以興之……。《大戴禮記・哀公問於孔子》	皆無改字
如此國家順矣。同上	如此國家順矣。《禮記・哀公問》、《大戴禮記・哀公問於孔子》	皆無改字
國有聖人而不能用……。〈儒行解〉	相對應之文獻無相同或相似字句。	無法判定

有才而以資鄰國……。同上	相對應之文獻無相同或相似字句。	無法判定
苟利國家……。同上	苟利國家……。《禮記·儒行》	皆無改字
雖以分國……。同上	雖分國……。同上	皆無改字
寡人欲論魯國之士……。〈五儀解〉	吾欲論吾國之士……。《荀子·哀公》、《大戴禮記·哀公問五義》	皆無改字
覩亡國之墟……。同上	亡國之虛（墟）……。《荀子·哀公》、《新序·雜事》	皆無改字
寡人欲吾國小而能守……。同上	相對應之文獻無相同或相似字句。	無法判定
夫國家之存亡禍福……則國家必王而名益昌……不脩國政……殷國以亡……意者國亡乎……十有六國……。同上	……國家必祉……不治國家……遂亡殷國……意朝亡乎……六國。《說苑·敬慎》	皆無改字
子貢復進曰：「……釋國之患。」……對曰：「回聞……，堯桀不共國而治……。」〈致思〉	……使兩國相親如弟兄……。《韓詩外傳九》	皆無改字
	解兩國之患……堯舜桀紂不同國而治……。《說苑·指武》	
孔子曰：「……武王正其身以正其國，正其國以正天下……。」同上	孔子曰：「……武王正其身以正其國，正其國以正天下……。」《說苑·君道》	皆無改字
曾子曰：「入其國也……。」同上	曾子曰：「入是國也……。」《說苑·談叢》	皆無改字
魯國之法……。今魯國富者……。同上	魯國之法……。《呂氏春秋·先識覽·察微》	皆無改字
	魯國之法……。今魯國富者……。《說苑·政理》	
鶱固周國之賤吏也……。〈三恕〉	鶱，周室之賤吏也……。《晏子春秋·內篇問下》	國、室疑為改字
昔者明王萬乘之國……千乘之國……。同上	昔萬乘之國……千乘之國……。《荀子·子道》	皆無改字
曰：「國無道……；國有道……。」同上	無相對應之文獻。	無法判定
……輕千乘之國……。〈好生〉	無相對應之文獻。	無法判定
虞、芮二國爭田……。同上	虞、芮之君相與爭田……。《詩經·大雅·緜》毛傳	皆無改字
	虞人與芮人質其成……。《尚書大傳》、《說苑·君道》	
國人不稱其亂。同上	國人不稱其亂。《詩經·小雅·巷伯》毛傳	皆無改字

能治國家之如此……。同上	無相對應之文獻。	無法判定
……始有國而受厲公……〈觀周〉	以有宋而受厲公。《左傳·昭七年傳》	皆無改字
《詩》曰：「受小共大共，而爲下國駿龐……。」〈弟子行〉	《詩》云：「受小共大共，爲下國恂蒙……。」《大戴禮記·衛將軍文子》	皆無改字
其稱之也曰宜爲國老。同上	其稱之也宜爲國老。同上	皆無改字
國有道則賢人興焉……。同上	國有道則賢人興焉……。同上	皆無改字
國家有道，其言足以治。同上	國家有道……國家無道……。同上	皆無改字
國無道，處賤不悶。同上	相對應之文獻無相同或相似字句。	無法判定
孔子對曰：「……又有士曰林國者……衛國有大事……，國無事則退而容賢。」〈賢君〉	又有士曰王材者……國有大事……。」《說苑·尊賢》	皆無改字
天下誅桀，而有其國……。同上	相對應之文獻無相同或相似字句。	無法判定
勤斯四者，可以政國……。同上	可以臨國家……。《說苑·敬慎》	皆無改字
賢君治國……怨讎並存於國……。同上	治國何如……。《說苑·尊賢》	皆無改字
秦穆公國小……其國雖小其志大……。同上	秦穆公其國小……其國小而志大……。《說苑·尊賢》	皆無改字
公曰：「……恐吾國貧矣。」同上	相對應之文獻無相同或相似字句。	無法判定
有語寡人曰有國家者……。同上	有語寡人曰爲國家者……。《呂氏春秋·季春紀·先己》 有語寡人爲國家者……。《說苑·政理》	皆無改字
吾欲使長有國……鄰國相親，則長有國……。同上	吾欲長有國……兩君相親，則長有國……。《說苑·政理》	皆無改字
齊君爲國……。〈辯政〉	相對應之文獻無相同或相似字句。	無法判定
……倍道失義，以亡其國……。同上	背道失義，以亡其國。《說苑·權謀》	皆無改字
水溢泛諸國，傷害民人……。同上	諸國皆水……。《說苑·辨物》	皆無改字
居國有道矣，而嗣爲本……。〈六本〉	居國有禮矣。《說苑·建本》	皆無改字
是以國無危亡之兆……。同上	故無亡國破家……。《說苑·正諫》	皆無改字
是齊魯二國，已去其疾。〈辯物〉	相對應之文獻無相同或相似字句。	無法判定
則能成天下國家者矣。〈哀公問政〉	則知所以治天下國家者矣。《禮記·中庸》	皆無改字
凡爲天下國家有九經……治天下國家有九經……。同上	凡爲天下國家有九經……凡爲天下國家有九經……。同上	皆無改字
魯國以眾相陵……，國無爭者。〈子路初見〉	魯國以眾相陵……國無爭者。《說苑·政理》	皆無改字
欲正一國之媱昏，……。同上	相對應之文獻無相同或相似字句。	無法判定

三日不聽國政……。同上	三日不聽政……。《史記・孔子世家》	無法判定
有國者之醜也，夫子何病焉？〈在厄〉	是有國者之醜也，不容何病？同上	皆無改字
雖有國士之力……。〈困誓〉	雖有國士之力……。《荀子・子道》、《韓詩外傳九》	皆無改字
無德澤而用刑，民必流，國必亡。治國而無德澤……。以之道則國治，以之德則國安，以之仁則國和，以之聖則國平，以之禮則國定，以之義則國義，此御政之術。……治國之要。」〈執轡〉	以之道則國治，以之德則國安，以之仁則國和，以之聖則國平，以之義則國成，以之禮則國定……。」《大戴禮記・盛德》	皆無改字
天無二日，國無二君……。〈本命解〉	天無二日，國無二君……。《大戴禮記・本命》	皆無改字
	士無二王，國無二君……。《禮記・喪服四制》	
治國其如指諸掌而已。……治國而無禮，譬猶瞽之無相。〈論禮〉	治國其如指諸掌而已。……治國而無禮，譬猶瞽之無相與。《禮記・仲尼燕居》	皆無改字
奔軍之將，亡國之大夫……〈觀鄉射〉	……亡國之大夫……。《禮記・射義》	皆無改字
此五者，足以正身安國矣，彼國安而天下安矣。同上	此五行者，足以正身安國矣，彼國安而天下安。《禮記・鄉飲酒義》	皆無改字
	此五行者，足以正身安國矣，彼國安而天下安。《荀子・樂論》	
一國之人皆若狂……。同上	一國之人皆若狂……。《禮記・雜記下》	皆無改字
凶服者不敢入國門……。〈郊問〉	無相對應之文獻。	無法判定
有坐干國之紀者，不謂之干國之紀……。〈五刑解〉	無相對應之文獻。	無法判定
……則天下國家可得以禮正矣。……是謂幽國……是謂亂國……是謂臣與君共國……諸侯有國……是謂疵國……國有患……以中國為一人……故國有禮……祀社於國……故破國喪家亡人……故治國不以禮……國之肥也……。〈禮運〉	……故天下國家可得而正也。……是謂幽國……是謂亂國……諸侯有國……是謂疵國……國有患……以中國為一人……故國有禮……祀社於國……故壞國喪家亡人……故治國不以禮……國之肥也……。《禮記・禮運》	皆無改字
分地建國設祖宗……。〈廟制〉	分地建國……。《禮記・祭法》	皆無改字
而習亡國之聲……。〈辯樂解〉	而又有亡國之聲……。《說苑・修文》	皆無改字
四成而南國是壇……所以盛威於中國……。同上	四成而南國是壇……盛威於中國……。《禮記・樂記》	皆無改字

入其國……四國于蕃，四方于宣……矢其文德，協此四國……。〈問玉〉	入其國……。《禮記‧經解》	皆無改字
	四國于蕃，四方于宣……矢其文德，恰此四國……。《韓詩外傳五》	
	四國于蕃，四方于宣……弛其文德，協此四國……。《禮記‧孔子閒居》	
聞齊國田常將欲爲亂……魯父母之國……今夫子欲屈節以救父母之國……破國以尊臣……王者不滅國……今以齊國而私千乘之魯……威加晉國……此蠻夷之國……國家疲弊……遂自發國內之兵以伐齊……越王襲吳之國。〈屈節解〉	父母之國……破國以尊臣……威加晉國……此蠻夷之國……國家敝以數戰……。《史記‧仲尼弟子列傳》	皆無改字
……與其子輒爭國……。〈七十二弟子解〉	相對應之文獻無相同或相似字句。	無法判定
……而諮國政焉。同上	相對應之文獻無相同或相似字句。	無法判定
……微，國名……由之與國于宋……。〈本姓解〉	……國於宋……。《史記‧宋微子世家》	皆無改字
齊國書伐魯……。〈正論解〉	國書……。《左傳‧哀公十一年經》	皆無改字
且昔天子一圻，列國一同……今大國多數圻矣……。同上	……列國一同……今大國多數圻矣……。《左傳‧襄公廿五年傳》	皆無改字
《詩》云：『有覺德行，四國順之。』昭子有焉。」同上	《詩》云：「有覺德行，四國順之。」《左傳‧昭公五年傳》	皆無改字
治國制刑……以寬衛國……以寬魯國……。同上	治國制刑……以寬衛國……以寬魯國……。《左傳‧昭公十四年傳》	皆無改字
子產於是行也，是以爲國也……」。同上	足以爲國基矣。《左傳‧昭公十三年傳》	皆無改字
……鄭國多掠盜……惠此中國，以綏四方……。同上	……鄭國多盜……惠此中國，以綏四方……。《左傳‧昭公廿年傳》	皆無改字
……有後於晉國乎。同上	有後於晉國乎。《左傳‧昭公廿八年傳》	皆無改字
趙簡子賦晉國一鼓鐘……夫晉國將守唐叔之所受法度……貴賤無序，何以爲國？……晉國亂制……。同上	遂賦晉國一鼓鐵……夫晉國將守唐叔之所受法度……何以爲國？……晉國之亂制。《左傳‧昭公廿九年傳》	皆無改字
……其不失國也宜哉。同上	其不失國也宜哉。《左傳‧哀公六年傳》	皆無改字
	……其不失國宜哉。《說苑‧君道》	
亦訪衛國之難也。同上	訪衛國之難也。《左傳‧哀公十一年傳》	皆無改字
則國家從之，不可止已。同上	則國家從之。《左傳‧成公二年傳》	皆無改字
孔子曰：「古之士者，國有道則盡忠以輔……。」同上	相對應之文獻無相同或相似字句。	無法判定

……卒曰：「子爲國老……。」同上	子爲國老……。《左傳・哀公十一年傳》	皆無改字
釋賢而任不肖，國之不祥……。同上	……國之不祥……。《新序・雜事》	皆無改字
孔子爲大司寇，國廏焚……。〈曲禮子貢問〉	相對應之文獻無相同或相似字句。	無法判定
冉求曰：「臧文仲知魯國之政……」。同上	相對應之文獻無相同或相似字句。	無法判定
孔子曰：「……謀人之國邑，危則亡之……。」同上	君子曰：「……謀人之邦邑，危則亡之。」《禮記・檀弓》	《家語》改字
孔子聞之曰：「善哉！觀國乎……雖非晉國……。」同上	孔子聞之曰：「善哉！觀國乎……。」《禮記・檀弓》	皆無改字
吳延陵季子聘于上國……。同上	相對應之文獻無相同或相似字句。	無法判定
……國君之於同姓……故雖國君之尊……。」同上	相對應之文獻無相同或相似字句。	無法判定
孔子曰：「仕，弗與同國，御國命而使……。」〈曲禮子夏問〉	仕，弗與共國，衛君命而使……。《禮記・檀弓》	皆無改字
世子齒於學，則國人觀之。……父子君臣長幼之道得，而後國治。……一有元良，萬國以貞……。同上	世子齒於學，則國人觀之。……父子君臣長幼之道得，而國治。……一有元良，萬國以貞。《禮記・文王世子》	皆無改字
	一人元良，萬邦以貞。《尚書・太甲下》	《家語》改字
……禮，國君慈母無服……而亂國灋也。同上	……慈母無服……而亂國法也。《禮記・曾子問》	皆無改字
衛莊公之反國……。〈曲禮公西赤問〉	相對應之文獻無相同或相似字句。	無法判定

【說明】

　　《家語》中「邦」字出現情形計有六次，而「國」字出現情形極多，遠超於「邦」字。先就正例觀之，《家語》中所出現之「邦」字，於其所對應之文獻中，計有三次出現改字情形，其中《禮記》、《史記》皆改作「國」字，而《荀子》則改作「邑」字。

　　再以反例觀之，《家語》中之「國」字，與其所對應之文獻中，亦多作「國」字，惟有二次爲《家語》改字者，即《禮記》、《尚書》作「邦」字，而《家語》作「國」字。

　　此外，《家語》中尚有二次作「國」字，而於《晏子春秋》一作「邑」字、一作「室」字，疑二者皆爲「邦」之改字。

2. 漢惠帝（194～188B.C.）諱盈以滿字代、呂后（188～180B.C.）諱雉以野雞字代

【3-16】《家語》所見惠帝、呂后名諱正例、反例表

《家語》作「盈」字者	重出文獻相對應之文句	說 明
非以盈宮室，徵斂百姓，非以盈府庫也。〈王言解〉	不以盈宮室也，徵斂於百姓，非以充府庫也。《大戴禮記‧主言》	皆無改字
今爾衣服既盛，顏色充盈……。〈三恕〉	今汝衣服既盛，顏色充盈……。《荀子‧子道》	皆無改字
	今汝衣服其盛，顏色充滿……。《韓詩外傳三》	《韓詩外傳》改字
	今若衣服甚盛，顏色充盈……。《說苑‧雜言》	皆無改字
滿而不盈，實而如虛……。〈弟子行〉	滿而不滿，實如虛……。《大戴禮記‧衛將軍文子》	《大戴禮記》改字
調其盈虛，不令自滿……。〈六本〉	調其盈虛……。《說苑‧敬慎》	皆無改字
是以三五而盈，三五而缺……膚革充盈，人之肥也……。〈禮運〉	是以三五而盈，三五而闕……膚革充盈，人之肥也……。《禮記‧禮運》	皆無改字
《家語》作「滿」字者	**重出文獻相對應之文句**	**說 明**
中則正，滿則覆……乃注之，水中則正，滿則覆。夫子喟然歎曰：「嗚呼！夫物惡有滿而不覆哉？」子路進曰：「敢問持滿有道乎？」〈三恕〉	中則正，滿則覆……中而正，滿而覆……。孔子喟然而歎曰：「吁！惡有滿而不覆者哉？」子路曰：「敢問持滿有道乎？」《荀子‧宥坐》	皆無改字
	滿則覆……中則正……滿則覆……中則正……。孔子喟然而嘆曰：「嗚呼！惡有滿而不覆者哉？」子路曰：「敢問持滿有道乎？」《韓詩外傳三》	
	滿則覆……中則正……滿則覆……中則正……。孔子喟然嘆曰：「嗚呼！惡有滿而不覆者哉？」子路曰：「敢問持滿有道乎？」《說苑‧敬慎》	
	其中則正，其盈則覆。孔子……曰：「善哉！持盈者乎。」子貢在側曰：「請問持盈？」《淮南子‧道應訓》	《家語》改字
	其沖則正，其盈則覆。……《文子‧九守》	
盛而不求概，此似正……。同上	盈不求概，似正……。《荀子‧宥坐》	《家語》改字
	盈不求概，似度……。《說苑‧雜言》	
滿而不盈，實而如虛……。〈弟子行〉	滿而不滿，實如虛……。《大戴禮記‧衛將軍文子》	皆無改字
故能成其滿博也。……凡持滿而能久者……自滿而無極……滿也……調其盈虛，不令自滿，所以能久也。〈六本〉	……自臧而滿意……調其盈虛……。《說苑‧敬慎》	皆無改字

與日月而盛虛……〈執轡〉	與月盛虛……。《大戴禮記·易本命》	盛字疑為盈之改字
《家語》作「雉」字者	重出文獻相對應之文句	說　明
家不藏甲，邑無百雉之城。〈相魯〉	邑無百雉之城。《公羊傳·定公十二年傳》	皆無改字
《家語》作「野雞」字者	重出文獻相對應之文句	說　明
闕	闕	無法判定

【說明】

　　先就正例觀之，《家語》出現「盈」字七次，其中二次《韓詩外傳》與《大戴禮記》皆改為「滿」字。

　　就反例觀之，《家語·三恕》有四次作「滿」字，而《淮南子》、《文子》等作「盈」字。此外《家語·三恕》有一次作「盛」字，而《荀子》、《說苑》皆作「盈」字，亦屬正例之一種，惟《家語》不以「滿」字代，故反例計有五次。

　　另外，《家語·執轡》之「與日月盛虛」作「盛」字，與其相應之《大戴禮記》作「與月而盛虛」，亦作「盛」字，然「盈虛」為先秦時代即有之詞彙，疑此二字本皆作「盈」字，避帝諱而改作「盛」字。

3. 漢文帝（179～157B.C.）諱恒以常字代

【3-17】《家語》所見文帝名諱正例、反例表

《家語》作「恒」字者	重出文獻相對應之文句	說　明
施之常，字子恒。〈七十二弟子解〉	施之常，字子恆。《史記·仲尼弟子列傳》	
齊陳恒弒其君簡公，……告於哀公曰：「陳恒弒其君……。」對曰：「陳恒弒其君……。」〈正論解〉	齊陳恆弒其君……對曰：「陳恆弒其君……。」《左傳·哀公十四年傳》	皆無改字
《家語》作「常」字者	重出文獻相對應之文句	說　明
常朝飲其羊……。〈相魯〉	相對應之文獻無相同或相似字句。	無法判定
納諸尋常之室而不塞……。〈王言解〉	內諸尋常之室而不塞……。《大戴禮記·主言》	皆無改字
常以儒相詬疾……。〈儒行解〉	常以儒相詬病……。《禮記·儒行》	皆無改字
常食藜藿之實……。〈致思〉	常食藜藿之實。《說苑·建本》	皆無改字
伯常騫問於孔子曰……。〈三恕〉	柏常騫問於孔子曰……。《晏子春秋·內篇問下》	皆無改字
故常置之於坐側。同上	相對應之文獻無相同或相似字句。	無法判定
文子曰：「以吾子常與學賢者也，何為不知？」〈弟子行〉	相對應之文獻無相同或相似字句。	無法判定

其驕大人也，常以浩浩……。同上	常以皓皓……。《大戴禮記・衛將軍文子》	皆無改字
貧者士之常，死者人之終，處常得終，當何憂哉。〈六本〉	貧者士之常也，死者人之終也，處常得終，當何憂哉。《列子・天瑞》 貧者士之常也，死者民之終也，處常待終，當何憂呼。《說苑・雜言》	皆無改字
曾子侍曰：「參昔者常聞夫子三言而未之能行也……」同上	相對應之文獻無相同或相似字句。	無法判定
宰予進曰：「昔予也常聞諸夫子曰……。」 〈子路初見〉	相對應之文獻無相同或相似字句。	無法判定
則是未廢其常，吾猶可以止也。同上	相對應之文獻無相同或相似字句。	無法判定
處身而常逸者，則志不廣……。〈在厄〉	相對應之文獻無相同或相似字句。	無法判定
曾子曰：「吾聞受人施者常畏人，與人者常驕人，……。」同上	相對應之文獻無相同或相似字句。	無法判定
古者天子常以季冬考德正灋……。〈執轡〉	古者天子常以季冬考德……。《大戴禮記・盛德》	皆無改字
大人世及以爲常……而祝嘏莫敢易其常法，是謂大嘉。……刑肅而俗弊則法無常，法無常則禮無別……。所以養生送死，事鬼神之常也。〈禮運〉	大人世及以爲禮……。祝嘏莫敢易其常……刑肅而俗弊則法無常，法無常而禮無列……。所以養生送死，事鬼神之常也。《禮記・禮運》	皆無改字
聞齊國田常將欲爲亂……今吾欲屈節於田常以救魯……說田常曰……吳王曰：「善，然吳常困越。」……〈屈節解〉	田常欲作亂……說田常曰……《史記・仲尼弟子列傳》	皆無改字
與田常爲亂……。〈七十二弟子解〉	與田常作爲亂……。同上	皆無改字
常結駟連騎以造原憲。……同上	相對應之文獻無相同或相似字句。	無法判定
常以家車五乘從。同上	相對應之文獻無相同或相似字句。	無法判定
牛常憂之。同上	相對應之文獻無相同或相似字句。	無法判定
施之常，字子恒。同上	施之常，字子恆。同上	皆無改字
《夏書》曰：「……，牽彼天常……」又曰：「……，由己牽常可矣。」〈正論解〉	《夏書》曰：「……，帥彼天常……」又曰：「……，由己牽常可矣。」《左傳・哀公六年傳》	皆無改字

【說明】

此處既無正例，亦無反例。但就《家語》出現「恒」字之次數而言，計有四次，而其他相對應之文獻，皆無改字情形。「常」字亦然，於其他文獻亦皆作「常」字，並非《家語》改字。換言之，《家語》可能不避「恒」字。

4. 漢景帝（157～141B.C.）諱啟以開字代

【3-18】《家語》所見景帝名諱正例、反例表

《家語》作「啟」字者	重出文獻相對應之文句	說　明
非吾子，寡人無以啟其心……。〈五儀解〉	相對應之文獻無相同或相似字句。	無法判定
啟蟄不殺，方長不折……啟蟄不殺，則順人道……。〈弟子行〉	開蟄不殺，方長不折……開蟄不殺，則天道也……。《大戴禮記・衛將軍文子》	《大戴禮記》改字
孔子遊於泰山，見榮聲期。王注：聲宜爲啟。〈六本〉	孔子遊於太山，見榮啟期。《列子・天瑞》	《家語》改字
	孔子見榮啟期……。《說苑・雜言》	
疇昔予夢見先人，豈或啟祐我哉？……〈在厄〉	相對應之文獻無相同或相似字句。	無法判定
至於啟蟄之月，則又祈穀于上帝……〈郊問〉	相對應之文獻無相同或相似字句。	無法判定
孔子之先，宋之後也，微子啟帝乙之元子……。〈本姓解〉	微子開者，殷帝乙之首子……。《史記・宋微子世家》	《史記》改字
啟弊邑心，知其罪……。〈正論解〉	啟敝邑心……。《左傳・襄公廿五年傳》	皆無改字
公明儀相焉，問啟顙於孔子。孔子曰：「拜而後啟顙，頹乎其順也，啟顙而後拜，頎乎其至也……。」〈曲禮子貢問〉	孔子曰：「拜而后稽顙，頹乎其順也，稽顙而后拜，頎乎其至也……。」《禮記・檀弓》	《禮記》改字
《家語》作「開」字者	重出文獻相對應之文句	說　明
漆雕開，蔡人，字子若……。〈七十二弟子解〉	漆雕開，字子開……。《史記・仲尼弟子列傳》	《家語》與《史記》皆改字
	《漆雕子》十三篇。孔子弟子漆雕啟後。《漢書・藝文志》	
琴牢，衛人，字子開，一字張。同上	無相對應之文獻。	無法判定

【說明】

　　就正例觀之，《家語》作「啟」字計有十次，其中二次於《大戴禮記》改爲「開」字，一次於《史記》改爲「開」字。另外，《家語・曲禮子貢問》三次皆作「啟」字，於《禮記》則作「稽」字，雖非改爲「開」字之正例，然亦屬改字之範圍。

　　就反例觀之，《家語》作「開」字計有二次，一次於《漢書》中作「啟」字。此外，《家語・六本》一次作「榮聲期」，《列子》、《說苑》皆作「榮啟期」，疑《家語》改字，抑或爲等其他情形。

5. 漢武帝（140～87B.C.）諱徹以通字代

【3-19】《家語》所見武帝名諱正例、反例表

《家語》作「徹」字者	重出文獻相對應之文句	說　明
〈豳〉詩曰：「殆天之未陰雨，徹彼桑土……。」〈好生〉	無相對應之文獻。	無法判定
孔子爵之，既徹俎而燕……〈辯物〉	仲尼爵之，既徹俎而宴。《國語‧魯語》	皆無改字
客出於〈雍〉，徹以〈振羽〉……。〈論禮〉	客出以〈雍〉，徹以〈振羽〉……。《禮記‧仲尼燕居》	皆無改字
殷主綴重焉，周人徹重焉……。〈曲禮子夏問〉	周主重徹焉……。《禮記‧檀弓》	皆無改字
質明而始行事，晏朝而徹……。〈曲禮公西赤問〉	質明而始行事，晏朝而退……。《禮記‧禮器》	《禮記》改字
《家語》作「通」字者	重出文獻相對應之文句	說　明
此三者咸通，然後可以征……。〈王言解〉	此三者咸通，然後可以征……。《大戴禮記‧主言》	皆無改字
幽居而不淫，上通而不困……。〈儒行解〉	幽居而不淫，上通而不困……。《禮記‧儒行》	皆無改字
仁義在身而色無伐，思慮通明而辭不專……德合於天地，變通無方……。〈五儀解〉	仁義在身而色不伐，思慮明通而辭不爭……，通乎大道，應變而不窮。《荀子‧哀公》	皆無改字
事所射之君，通於變也……。〈致思〉	事所射之君，……知權也。《說苑‧善說》	無法判定
孔子曰：「夫通達之御皆人也……。」同上	孔子曰：「夫通達之國皆人也……。」《說苑‧政理》	皆無改字
通禮樂之原，明道德之歸……。〈觀周〉	相對應之文獻無相同或相似字句。	無法判定
齊莊而能肅，志通而好禮……。〈弟子行〉	志通而好禮……。《大戴禮記‧衛將軍文子》	皆無改字
通於金石，而況人乎！」〈六本〉	通乎金石，而況人乎！」《說苑‧修文》	皆無改字
禮不修，則對門不汝通矣。同上	對門不通矣。《說苑‧雜言》	皆無改字
昔武王克商，通道于九夷百蠻……。〈辯物〉	昔武王克商，通道于九夷百蠻……。《國語‧魯語》	皆無改字
達于情性之理，通於物類之變……。〈顏回〉	達乎情性之理，通乎物類之變……。《說苑‧辨物》	皆無改字
絕糧七日，外無所通……。〈在厄〉	相對應之文獻無相同或相似字句。	無法判定
淵而有謀，疏通以知遠……。〈五帝德〉	洪淵以有謀，疏通而知事……。《大戴禮記‧五帝德》	皆無改字

叡明智通，爲天下帝。同上	叡明通知，爲天下王。同上	皆無改字
十有六而精通，然後能化。……男子十六精通，女子十四而化……。〈本命解〉	十有六情通，然後能化。《大戴禮記·本命》	皆無改字
深而通，茂而不閒……。〈禮運〉	深而通，茂而有閒……。《禮記·禮運》	皆無改字
如此則周道四達，禮樂交通。〈辯樂解〉	若此則周道四達，禮樂交通。《禮記·樂記》	皆無改字
疏通知遠，《書》教也……疏通知遠而不誣，則深於《書》者矣。〈問玉〉	疏通知遠，《書》教也……疏通知遠而不誣，則深於《書》者也。《禮記·經解》	皆無改字
性鄙而不達於變通。〈七十二弟子解〉	相對應之文獻無相同或相似字句。	無法判定
習於詩，能通其義。同上	相對應之文獻無相同或相似字句。	無法判定
大聖無不該，文武並用兼通。〈正論解〉	相對應之文獻無相同或相似字句。	無法判定
庚宗寡婦通焉而生牛……牛不通其饋，不食而死。同上	相對應之文獻無相同或相似字句。	無法判定
雖百世婚姻不得通，周道然也。〈曲禮子貢問〉	雖百世而昏姻不得通者，周道然也。《禮記·大傳》	皆無改字

【說明】

就正例觀之，《家語》作「徹」字，計有五次，其中一次於《禮記》改作「退」字。

就反例觀之，《家語》作「通」字，於其他相對應之文獻亦作「通」字，無反例之證。

6. 漢昭帝（87～74B.C.）諱弗以不字代

【3-20】《家語》所見昭帝名諱正例、反例表

《家語》作「弗」字者	重出文獻相對應之文句	說　明
因費宰公山弗擾率費人以襲魯……。〈相魯〉	季氏將墮費，公山不狃、叔孫輒帥費人以襲魯……。《左傳·定公十二年傳》	闕　疑
弗親弗敬，弗尊也。〈大婚解〉	弗愛不親；弗敬不正。《禮記·哀公問》	闕　疑
弗肯臣仕……弗敢復以儒爲戲矣。〈儒行解〉	不臣不仕……不敢以儒爲戲。《禮記·儒行》	闕　疑
微吾子言焉，吾弗之聞也。〈五儀解〉	相對應之文獻無相同或相似字句。	無法判定
於斯不贍，則終身弗能見也……。〈致思〉	終身不之見也……。《韓詩外傳二》 終身不見也……。《說苑·尊賢》	闕　疑
志不存乎樂，非耳弗聞……。〈好生〉	非耳不能聞也……。《荀子·哀公》	闕　疑

既得聞之，患弗得學；既得學之，患弗能行。同上	既聞之，患弗得學也；既學之，患弗能行也。《禮記・雜記》	皆無改字
其祖弗父何，始有國而受屬公⋯⋯。〈觀周〉	其祖弗父何，以有宋而授屬公⋯⋯。《左傳・昭公七年傳》	皆無改字
我雖尊高，人弗我害⋯⋯。同上	我雖尊高，人莫害我⋯《說苑・敬慎》	闕　疑
求當世之君而弗受也⋯⋯。同上	求當世之君而不我受也。《說苑・反質》	闕　疑
輿馬奢侈，而弗可振也⋯⋯。〈六本〉	輿馬奢侈，不可振也。《說苑・權謀》	闕　疑
先王制禮，弗敢過也⋯⋯。同上	先王制禮，不敢過也。《詩・國風・素冠》毛傳	闕　疑
	先王制禮，不敢不至焉。《禮記・檀弓》	
	先生制禮，不敢過也。《說苑・修文》	
兼四子者之有以易吾弗與也，此其所以事吾而弗貳也。同上	吾弗許也，此其所以事吾而不貳也。《列子・仲尼》	闕　疑
	兼此四子者，丘不爲也。《說苑・雜言》	
是以非其人告之弗聽。非其地，樹之弗生。同上	非其地而樹之，不生也，非其人而語之，弗聽也。《說苑・雜言》	闕　疑
民弗可得而治矣⋯⋯夫誠弗勉而中，不思而得。〈哀公問政〉	民不可得而治矣⋯⋯誠者，不勉而中，不思而得。《禮記・中庸》	闕　疑
弗學而行，弗思而得，小子勉之。〈顏回〉	相對應之文獻無相同或相似字句。	無法判定
心必有非焉而弗能謂⋯⋯。同上	相對應之文獻無相同或相似字句。	無法判定
王公不我聘則弗動。〈子路初見〉	王公不聘不動。《說苑・政理》	闕　疑
相馬以輿，相士以居，弗可廢矣。同上	相對應之文獻無相同或相似字句。	無法判定
知而弗爲，莫如勿知；親而弗信，莫如勿親⋯⋯。同上	相對應之文獻無相同或相似字句。	無法判定
人之弗吾信也⋯⋯人之弗吾行也⋯⋯。〈在厄〉	人之不我信也⋯⋯人之不我行也⋯⋯。《史記・孔子世家》	闕　疑
其未得也，患弗得之⋯⋯。〈在厄〉	其未得也，則憂不得。《荀子・子道》	闕　疑
	其未之得，則憂不得。《說苑・雜言》	
雖汝有云，弗以疑也⋯⋯。〈在厄〉	相對應之文獻無相同或相似字句。	無法判定
孔子弗應⋯⋯其弗忘矣。〈困誓〉	孔子不應⋯⋯其不可忘已也。《說苑・雜言》	闕　疑
宰我聞之懼，弗敢見焉。〈五帝德〉	宰我聞之懼，不敢見。《大戴禮記・五帝德》	闕　疑

是故士使之射而弗能……。〈觀鄉射〉	士使之射，不能……。《禮記・郊特牲》	闕　疑
張而不弛，文武弗能，弛而不張，文武弗爲……。同上	張而不弛，文武弗能也，弛而不張，文武弗爲也。《禮記・雜記》	皆無改字
弗命而民聽，敬之至也……。〈郊問〉	相對應之文獻無相同或相似字句。	無法判定
化之弗變，導之弗從……大夫弗養，其士遇之塗，弗與之言……弗及與政，弗欲生之也……。〈刑政〉	相對應之文獻無相同或相似字句。	無法判定
是以姦謀閉而弗興……。七者弗學而能……。〈禮運〉	是故謀閉而不興……。七者弗學而能……。《禮記・禮運》	闕　疑
非古禮之所及，吾弗知……。〈廟制〉	相對應之文獻無相同或相似字句。	無法判定
至于今王公大人述而弗忘。〈辯樂解〉	至今王公述無不釋。《說苑・修文》	闕　疑
馬散之華山之陽而弗復乘，牛散之桃林之野而弗復服……以示弗復用……。同上	……弗復乘……弗復服……而弗復用……。《禮記・樂記》	皆無改字
孔子弗許。子張請往，又弗許。子石請往，又弗許。〈屈節解〉	孔子止之。子張、子石請行，孔子弗許。《史記・仲尼弟子列傳》	皆無改字
孔子門人友之而弗敬。〈七十二弟子解〉	相對應之文獻無相同或相似字句。	無法判定
欲往弔焉，孔子弗許……。同上	無相對應之文獻。	闕　疑
熙生弗父何及厲公方祀……弗父何生送父周……。〈本姓解〉	宋湣公生弗甫何……。《詩・商頌・那》正義引《世本》	皆無改字
自弗父何以來……。同上	無相對應之文獻。	無法判定
臣聞其詩焉，而弗知……。〈正論解〉	臣問其詩，而不知也。《左傳・昭公十二年傳》	闕　疑
傷人必多，吾弗克救也。同上	傷人必多，吾不克救也。《左傳・襄公卅一年傳》	闕　疑
懼弗給也，敢以爲請……。同上	懼弗給也，敢以爲請……。《左傳・昭公十三年傳》	皆無改字
王弗祭，大夫請祭諸郊。同上	王弗祭，大夫請祭諸郊。《左傳・哀公六年傳》	皆無改字
公弗許，三請……。同上	相對應之文獻無相同或相似字句。	無法判定
子曰：「丘弗識也。」……汝弗聞乎，先王制土……。同上	丘不識也。《左傳・哀公十一年傳》 女不聞乎……。《國語・魯語》	闕　疑
死之而弗敢犯……弗能成。同上	眾以義死之而弗敢犯也。《禮記・祭義》	皆無改字
敬叔以富喪矣，而又弗改……。〈曲禮子貢問〉	相對應之文獻無相同或相似字句。	無法判定

夏父弗忌逆祀而不止……。同上	夏父弗綦逆祀……。《禮記·禮器》	皆無改字
民悅其愛者，弗可敵也。同上	……民說，殆不可伐也。《禮記·檀弓》	闕疑
君子弗能謀，士弗能死……。同上	君子不能爲謀也，士弗能死也……。同上	闕疑
可以除之矣而弗除……吾寡兄弟而弗忍也……行道之人皆弗忍。同上	可以除之矣而弗除也……吾寡兄弟而弗忍也……行道之人皆弗忍也。同上	皆無改字
故繫之以姓而弗別，啜之以食而弗殊。同上	繫之以姓而弗別，綴之以食而弗殊。《禮記·大傳》	皆無改字
弗與共天下也……仕，弗與同國……〈曲禮子夏問〉	弗與共天下也……仕，弗與共國……。《禮記·檀弓》	皆無改字
今以三年之喪從利者，吾弗知也。同上	今以三年之喪從其利者，吾弗知也。《禮記·曾子問》	皆無改字
公弗忍，欲喪之。同上	公弗忍也，欲喪之。同上	皆無改字
子謂夫子而弗知之乎……。同上	女謂夫子爲有所不知乎……《荀子·子道》	闕疑
東西南北之人，不可以弗識也。同上	東西南北人也，不可以弗識也。《禮記·檀弓》	皆無改字
丘弗聞也……。同上	無相對應之文獻。	無法判定
《家語》作「不」字者	重出文獻相對應之文句	說　明
略	略	略

【說明】

　　《家語》「弗」、「不」二字之字頻數極高，單就「弗」字而言，已出現八十七次，「不」字出現情形則難以徧計，且「弗」、「不」二字亦爲其他文獻中字頻極高之字，難以用與《家語》作爲判定正例、反例之情況。

　　但就「弗」字出現頻率，及《家語》「弗」、「不」二字連用之情形而言，如〈致思〉「於斯不贈，則終身弗能見也」、〈好生〉「志不存乎樂，非耳弗聞」（此情況亦非少數，惟表格中未能一一羅列），《家語》不避「弗」字是極爲明顯。

7. 漢宣帝（73～49B.C.）諱詢以謀字代

【3-21】《家語》所見宣帝名諱正例、反例表

《家語》作「詢」字者	重出文獻相對應之文句	說　明
無	無	
《家語》作「謀」字者	重出文獻相對應之文句	說　明
裔不謀夏，夷不亂華……〈相魯〉	裔不謀夏，夷不亂華……。《左傳·定公十年傳》	皆無改字

不斷其威，不習其謀……。〈儒行解〉	不斷其威，不習其謀……。《禮記・儒行》	皆無改字
謀其身不遺其友，君陳則進而用之……。〈弟子行〉	謀其身不遺其友，君陳則進……。《大戴禮記・衛將軍文子》	皆無改字
臨事而謀，不亦晚乎。〈賢君〉	臨難乃謀，不亦晚乎。《說苑・敬慎》	皆無改字
其舉也果，其謀也和。同上	其舉果，其謀和。《說苑・尊賢》	皆無改字
智而好謀，必成。〈六本〉	知而好謙，必賢。《荀子・仲尼》	皆無改字
	知而好謀，必成。《說苑・雜言》	
趙簡子好利而多信，必溺其說而從其謀……。〈辯物〉	相對應之文獻無相同或相似字句。	無法判定
陳蔡大夫相與謀曰……。〈在厄〉	陳蔡大夫謀曰……。《史記・孔子世家》	皆無改字
博學深謀而不遇時者，眾矣……。同上	博學深謀不遇時者，眾矣……。《說苑・雜言》	皆無改字
淵而有謀，疏通以知遠。〈五帝德〉	洪淵以有謀，疏通而知事。《大戴禮記・五帝德》	皆無改字
逆人倫者罪及三世，謀鬼神者罪及二世……。〈五刑解〉	相對應之文獻無相同或相似字句。	無法判定
是以姦謀閉而弗興，盜竊亂賊不作。……〈禮運〉	是故謀閉而不興，盜竊亂賊而不作。……《禮記・禮運》	皆無改字
《大雅》所謂「詒厥孫謀，以燕翼子」……〈正論解〉	相對應之文獻無相同或相似字句。	無法判定
祭公謀父作〈祈昭〉……。同上	祭公謀父作〈祈招〉。《左傳・昭公十二年傳》	皆無改字
孔子曰：「凡謀人之軍……謀人之國……。」〈曲禮子貢問〉	君子曰：「謀人之軍……謀人之邦……。」《禮記・檀弓》	皆無改字
君子弗能謀，士弗能死……。同上	君子不能為謀也，士弗能死也……。《禮記・檀弓》	皆無改字

【說明】

　　就正例觀之，由於《家語》並無「詢」字，故無法判定。再以反例觀之，《家語》作「謀」字者，於其他相對之文獻中，皆已作「謀」字，並非《家語》改字。

8. 漢元帝（48～33B.C.）諱奭以盛字代

【3-22】《家語》所見元帝名諱正例、反例表

《家語》作「奭」字者	重出文獻相對應之文句	說　明
闕	闕	闕

《家語》作「盛」字者	重出文獻相對應之文句	說　明
自謂其美，盛之土型……。〈致思〉	食之而美，盛之土鉶之器。《說苑‧反質》	皆無改字
盛而不求概，此似正。〈三恕〉	盈不求概，似正。《荀子‧宥坐》	《家語》避惠帝諱
	盈不求概，似度。《說苑‧雜言》	
子路盛服見於孔子。……今爾衣服既盛，顏色充盈……。同上	子路盛服見孔子。……今女衣服既盛……。《荀子‧子道》	皆無改字
	子路盛服以見孔子。……今汝衣服其盛……。《韓詩外傳三》	
	子路盛服而見孔子。……今若衣服甚盛……。《說苑‧雜言》	
此周公所以盛也。……〈觀周〉	無相對應之文獻。	無法判定
是以千歲而益盛，迄今而逾彰……。〈六本〉	故百載以逾盛，迄今而益章……。《說苑‧敬慎》	皆無改字
孔子曰：「齋潔盛服……官盛任使，所以敬大臣也……。」〈哀公問政〉	齊明盛服……官盛任使……。」《禮記‧中庸》	皆無改字
氣者，神之盛也……。同上	氣也者，神之盛也。《禮記‧祭義》	皆無改字
若乃窮神知禮，德之盛也。〈顏回〉	窮神知化，德之盛也。《說苑‧辨物》	皆無改字
五穀之長，郊禮宗廟以爲上盛……。〈子路初見〉	祭先王爲上盛……。《韓非子‧外儲說左》	皆無改字
今人言五帝三王者，其盛無偶……其澶盛……德盛者治也……夫德盛則澶脩，德不盛則飭。〈執轡〉	聖王之盛德……德盛則修法，德不盛則飭政。《大戴禮記‧盛德》	皆無改字
與日月而盛虛……。同上	與月盛虛……。《大戴禮記‧易本命》	盛字疑盈之改字
所以盛威於中國……。〈辯樂解〉	盛威於中國也……。《禮記‧樂記》	皆無改字
諸侯必相率而朝，霸業盛矣。〈屈節解〉	霸業成矣。《史記‧仲尼弟子列傳》	無法判定
或者天將欲與素王之乎，夫何其盛也？……〈本姓解〉	無相對應之文獻。	無法判定
盛於甕，尊於瓶，非所祭也……。〈曲禮子貢問〉	盛於盆，尊於瓶，禮也者……。《禮記‧禮器》	皆無改字

【說明】

　　就正例觀之，《家語》並無「甃」字，因而無法判定。就反例觀之，《家語》作「盛」字者，於其他相對應之文獻中，亦作「盛」字，並無改字情形，惟〈三恕〉、〈執轡〉兩次之「盛」字，疑爲「盈」之改字，前於漢惠帝一條已論及。

9. 漢成帝（33～7B.C.）諱驁以俊字代

【3-23】《家語》所見成帝名諱正例、反例表

《家語》作「驁」字者	重出文獻相對應之文句	說　明
闕	闕	闕
《家語》作「俊」字者	重出文獻相對應之文句	說　明
闕	闕	闕

【說明】

《家語》中既無「驁」字亦無「俊」字，無法判定。

10. 漢哀帝（6～1B.C.）諱欣以喜字代

【3-24】《家語》所見哀帝名諱正例、反例表

《家語》作「欣」字者	重出文獻相對應之文句	說　明
乃蘇，欣然而起……。〈六本〉	乃蘇，起曰……。《韓詩外傳八》	無法判定
孔子欣然歎曰：「有是哉……。」〈在厄〉	有頃蘇，蹙然而起……。《說苑·建本》	無法判定
子貢以告，孔子欣然而歎曰：「形狀未也……。」〈困誓〉	相對應之文獻無相同或相似字句。	無法判定
《家語》作「喜」字者	重出文獻相對應之文句	說　明
孔子爲魯司寇，攝行相事有喜色。仲由問曰：「由聞君子禍至不懼，福至不喜。今夫子得位而喜，何也？」〈始誅〉	相對應之文獻無相同或相似字句。	無法判定
動靜以義，喜怒以時……。〈五儀解〉	相對應之文獻無相同或相似字句。	無法判定
夫子何喜之如此乎？〈致思〉	先生何喜如此乎？《說苑·反質》	皆無改字
貴之不喜，賤之不怒……。〈弟子行〉	貴之不喜，賤之不怒。《大戴禮記·衛將軍文子》	皆無改字
王喜拊子西之背曰……。〈辯政〉	王登車而拊其背曰……。《說苑·正諫》	無法判定
衛侯聞孔子之來，喜而於郊迎之……。〈困誓〉	衛靈公聞孔子來，喜，郊迎……。《史記·孔子世家》	皆無改字
喜怒哀懼愛惡欲，七者弗學而能……。〈禮運〉	喜怒哀懼愛惡欲，七者弗學而能……。《禮記·禮運》	皆無改字

【說明】

　　以正例觀之，《家語》作「欣」字計有三次，其他相對應之文獻無法判定是否有改字情形。

　　以反例觀之，《家語》作「喜」字者，於其他相對應之文獻皆已作「喜」字，並非《家語》改字。

11. 漢平帝（1A.D.～5.A.D.）諱衎以樂字代

【3-25】《家語》所見平帝名諱正例、反例表

《家語》作「衎」字者	重出文獻相對應之文句	說　明
并日蔬食，衎然有自得之志。〈七十二弟子解〉	相對應之文獻無相同或相似字句。	無法判定
居處言語飲食衎爾。〈曲禮子夏問〉	居處言語飲食衎爾。《禮記・檀弓》	皆無改字
《家語》作「樂」字者〔註34〕	重出文獻相對應之文句	說　明
孔子命申句須、樂頎勒士衆下伐之……〈相魯〉	仲尼命申句須、樂頎下伐之……《左傳・定公十二年傳》	皆無改字
孔子曰：「然，有是言也，不曰：『樂以貴下人乎？』」〈始誅〉	相對應之文獻無相同或相似字句。	無法判定
上樂施則下益寬……。〈王言解〉	上樂施則下益諒……。《大戴禮記・主言》	皆無改字
不能安其土，則不能樂天。不能樂天，則不成其身……〈大婚解〉	不能安土，不能樂天。天不能樂天，不能成身……《大戴禮記・哀公問於孔子》	皆無改字
淹之以樂好而不淫……歌樂者，仁之和也……〈儒行解〉	淹之以樂好……。《禮記・儒行》	皆無改字
臨當論刑，君愀然不樂……。〈致思〉	君愀然不樂……。《說苑・至公》	皆無改字
	公慨然不悅……。《韓非子・外儲說左》	
安樂必戒，無所行悔……〈觀周〉	安樂必戒……。《說苑・敬慎》	皆無改字
貧而能樂，蓋老來子之行也……不忘其親，不盡其樂……。〈弟子行〉	貧而樂也，蓋老萊子之行也……不盡其樂……。《大戴禮記・衛將軍文子》	皆無改字
荒于淫樂，耽湎於酒……〈賢君〉	荒淫于樂……。《說苑・敬慎》	皆無改字
王喜拊子西之背曰：「與子共樂之矣。」……以爲歡樂也。〈辯政〉	與子共樂之矣……未嘗有持鐘鼓管絃之樂……。《說苑・正諫》	皆無改字
子曰：「與之琴，使之絃，侃侃而樂……。」〈六本〉	衎衎而樂。《詩・國風・素冠》毛傳	皆無改字〔註35〕
	衎衎而樂。《說苑・修文》	

〔註34〕凡「禮樂」、「音樂」相關之「樂」字，與「衎」字本義無涉，皆不羅列於此。
〔註35〕《古字通假會典》「衎與侃」條云：「《史記・孔子世家》『與下大夫言，侃侃

孔子問曰：「先生所以爲樂者，何也？」期對曰：「⋯⋯吾樂甚多⋯⋯是一樂也⋯⋯是二樂也⋯⋯是三樂也⋯⋯。」同上	先生所以樂，何也⋯⋯吾樂甚多⋯⋯是一樂也⋯⋯是二樂也⋯⋯是三樂也⋯⋯。《列子・天瑞》	皆無改字
	先生何樂也⋯⋯吾樂甚多⋯⋯是一樂也⋯⋯是二樂也⋯⋯是三樂也⋯⋯。《說苑・雜言》	
祭之日樂與哀半，饗之必樂⋯⋯〈哀公問政〉	祭之日樂與哀半，饗之必樂⋯⋯《禮記・祭義》	皆無改字
子路見孔子，子曰：「汝何好樂？」⋯⋯〈子路初見〉	汝何好？《說苑・建本》	
樂之方至，樂而勿驕⋯⋯。同上	相對應之文獻無相同或相似字句。	無法判定
其未得之，則樂其意，既得之，又樂其治，是以有終身之樂，⋯⋯無一日之樂也。〈在厄〉	其未得也，則樂其意，既已得之，又樂其治，是以有終身之樂，⋯⋯無一日之樂也。《荀子・子道》	皆無改字
孔子觀於鄉射，喟然歎曰：「射之以樂也，何以射？〈觀鄉射〉	射之以樂也⋯⋯《禮記・郊特牲》	皆無改字
知其能和樂而不流，賓酬主人⋯⋯和樂而不流⋯⋯。同上	知其能和樂而不流也⋯⋯和樂而不流⋯⋯。《禮記・鄉飲酒義》	皆無改字
	知其能和樂而不流也⋯⋯和樂而不流⋯⋯。《荀子・樂論》	
孔子曰：「賜也，樂乎？」對曰：「⋯⋯，賜未知其爲樂也。」⋯⋯一日之樂⋯⋯。同上	孔子曰：「賜也，樂乎？」對曰：「⋯⋯，賜未知其爲樂也。」⋯⋯一日之澤⋯⋯。《禮記・雜記》	皆無改字
處其所存，禮之序也，翫其所樂，民之治也⋯⋯。〈禮運〉	玩其所樂，民之治也⋯⋯。《禮記・禮運》	皆無改字
言而可履，禮也；行而可樂，樂也⋯⋯。〈問玉〉	言而履之，禮也；行而樂之，樂也⋯⋯。《禮記・仲尼燕居》	皆無改字
若使不耕者穫，是使民樂有寇⋯⋯。〈屈節解〉	是樂有寇也⋯⋯。賈誼《新書・審微》	皆無改字
清淨守節，貧而樂道。〈七十二弟子解〉	相對應之文獻無相同或相似字句。	無法判定
習《尚書》，不樂仕。同上	相對應之文獻無相同或相似字句。	無法判定
樂欬，字子聲。同上	樂欬，字子聲。《史記・仲尼弟子列傳》	皆無改字
懼猶未也，又何樂焉？〈正論解〉	而又何樂？《左傳・襄公廿九年傳》	皆無改字
《詩》云：「樂只君子，邦家之基。」子產，君子之於樂⋯⋯。同上	《詩》云：「樂只君子，邦家之基。」子產，君子之求樂者也⋯⋯。《左傳・昭公十三年傳》	皆無改字
樂正司業，父師司成⋯⋯。〈曲禮子夏問〉	樂正司業，父師司成⋯⋯。《禮記・文王世子》	皆無改字

如也。』《漢書・袁安傳》、《隸釋・漢碑唐扶頌》引《論語》侃作衎。」見高亨纂著、董治安整理：《古字通假會典》(濟南：齊魯書社，1997 年)，頁 184。

【說明】

以正例觀之,《家語》出現「衍」字計有二次,於相對應之文獻中,並無改字情形出現。

以反例觀之,《家語》「樂」字於其他相對應之文獻中,皆已作「樂」字居多,惟《家語・六本》「侃侃而樂」,於《詩經》毛傳、《說苑・修文》作「衎衎而樂」,「侃」、「衎」兩者為通假字,並非改字之關係。

(二)東 漢

1. 漢光武帝(25～57A.D.)諱秀以茂字代

【3-26】《家語》所見光武帝名諱正例、反例表

《家語》作「秀」字者	重出文獻相對應之文句	說 明
鬼神之會,五行之秀。〈禮運〉	鬼神之會,五行之秀氣也。《禮記・禮運》	皆無改字
商澤,字子秀。〈七十二弟子解〉	相對應之文獻無相同或相似字句。	無法判定
《家語》作「茂」字者	重出文獻相對應之文句	說 明
若吾子之論,既富茂矣……。〈弟子行〉	若吾子之語審茂……。《大戴禮記・衛將軍文子》	皆無改字
牆屋完固,樹木甚茂……。〈辯政〉	樹木甚茂。《韓詩外傳六》	皆無改字
深而通,茂而不閒……。〈禮運〉	深而通,茂而有間……。《禮記・禮運》	皆無改字

【說明】

以正例觀之,《家語》作「秀」字計有二次,於其他相對應之文獻,並無改字情形出現。

以反例觀之,《家語》作「茂」字計有三次,於其他相對應之文獻,皆已作「茂」字,《家語》並無改字。

2. 漢明帝(58 ～75A.D)諱莊以嚴字代

【3-27】《家語》所見明帝名諱正例、反例表

《家語》作「莊」字者	重出文獻相對應之文句	說 明
匪莊王之賢,不能受其訓。〈好生〉	無相對應之文獻。	無法判定
狎甚則相簡,莊甚則不親……其莊足以成禮。同上	狎甚則相簡也,莊甚則不親……莊足以成禮而已。《說苑・談叢》	皆無改字
非性矜莊,服使然也。同上	相對應之文獻無相同或相似字句。	無法判定

齊莊而能肅……。〈弟子行〉	相對應之文獻無相同或相似字句。	無法判定
子曰：「師之莊賢於丘。」……師能莊而不能同……。〈六本〉	師之莊賢於丘也……師能莊而不能同……。《列子·仲尼》	皆無改字
	師之莊賢於丘也……師能莊而不能同……。《說苑·雜言》	
幼齊叡莊，敦敏誠信……。〈五帝德〉	相對應之文獻無相同或相似字句。	無法判定
恭儉莊敬，《禮》教也……。恭儉莊敬而不煩，則深於《禮》者……。〈問玉〉	恭儉莊敬……。恭儉莊敬而不煩，則深於《禮》者也。《禮記·經解》	皆無改字
今鮑莊子食於淫亂之朝……。〈正論解〉	鮑莊子之知不如葵……。《左傳·成公十七年傳》	皆無改字
衛莊公之反國……。〈曲禮公西赤問〉	無相對應之文獻。	無法判定
《家語》作「嚴」字者	**重出文獻相對應之文句**	**說 明**
加嚴暴則樹怨……。〈致思〉	不善為吏者樹怨……。《說苑·至公》	無法判定
是故君子不可不嚴也……。〈六本〉	無相對應之文獻。	無法判定
上者尊嚴而危，民者卑賤而神……不因其情，則民嚴而不迎。〈入官〉	上者尊嚴而絕……民嚴而不迎也。《大戴禮記·子張問入官》	皆無改字
示民嚴上也……。〈郊問〉	示民嚴上也……。《禮記·郊特牲》	皆無改字
若有嚴刑於旁……。〈屈節解〉	若有嚴刑於旁……。《呂氏春秋·審應覽·具備》	皆無改字
	若有嚴刑在其側者。《淮南子·道應訓》	
雖年大性嚴，不足為疑……。〈本姓解〉	相對應之文獻無相同或相似字句。	皆無改字

【說明】

　　以正例觀之，《家語》作「莊」字計有十二次，於相對應之文獻中，並無改字情形出現。

　　以反例觀之，《家語》作「嚴」字者，於相對應之文獻中，皆已作「嚴」字，《家語》並無改字。

3. 漢章帝（76～88A.D）諱炟以著字代

【3-28】《家語》所見章帝名諱正例、反例表

《家語》作「炟」字者	**重出文獻相對應之文句**	**說 明**
闕	闕	闕
《家語》作「著」字者	**重出文獻相對應之文句**	**說 明**
賜著縞衣白冠……。〈致思〉	賜願著縞衣白冠……。《說苑·指武》	皆無改字

言人之過也，微而著。〈好生〉	言人之過也，微而著。《說苑‧權謀》	皆無改字
是以千載而惡著，迄今而不滅。〈六本〉	相對應之文獻無相同或相似字句。	無法判定
其氣發揚于上，此神之著也。〈哀公問政〉	神之著也。《禮記‧祭義》	皆無改字
不謂之罔上不忠，則曰臣節未著……。〈五刑解〉	無相對應之文獻。	無法判定
冠於阼者，以著代也。〈冠頌〉	故冠於阼，以著代也。《禮記‧冠義》	皆無改字
列而無次序，則亂於著矣。〈問玉〉	則亂於位也。《禮記‧仲尼燕居》	無法判定
回以德行著名……閔損……以德行著名……冉有……以德行著名……冉雍……以德行著名……宰予……以言語著名……。端木賜……有口才著名……冉求……以政事著名……仲由……以政事著名……言偃……以文學著名……卜商……以文學為著名……。〈七十二弟子解〉	相對應之文獻無相同或相似字句。	無法判定
以為法式，其文德著矣。〈本姓解〉	無相對應之文獻。	無法判定
著范宣子所為刑書……。〈正論解〉	以鑄刑鼎……《左傳‧昭公廿九年傳》	無法判定

【說明】

以正例觀之，《家語》並無「炟」字，故無法判定。以反例觀之，《家語》作「著」字者，於其他相對應文獻之中，皆已作「著」字，《家語》並無改字。

4. 漢和帝（88～105A.D）諱肇以始字代

【3-29】《家語》所見和帝名諱正例、反例表

《家語》作「肇」字者	重出文獻相對應之文句	說　明
闕	闕	闕
《家語》作「始」字者〔註36〕	重出文獻相對應之文句	說　明
今夫子為政而始誅之……。〈始誅〉	夫子為政而始誅之……《荀子‧宥坐》	皆無改字
夫禮，初也始於飲食……。〈問禮〉	夫禮之初，始諸飲食。《禮記‧禮運》	皆無改字
丈夫對曰：「始吾之入也……。」〈致思〉	丈夫曰：「始吾之入也……。」《列子‧說符》 丈夫對曰：「始吾入……。」《說苑‧雜言》	皆無改字

〔註36〕「終始」為先秦已見之常用詞彙，與避諱改字無涉，今不羅列於此。

夫江始出於岷山……。〈三恕〉	其始出也……。《荀子‧子道》	皆無改字
	其始出也……。《韓詩外傳三》	
	其始也……。《說苑‧雜言》	
其祖弗父何，始有國而受厲公……。〈觀周〉	其祖弗父何，以有宋而授厲公……。《左傳‧昭公七年傳》	無法判定
孔子曰：「孝，德之始也……。」〈弟子行〉	孔子曰：「孝，德之始也……。」《大戴禮記‧衛將軍文子》	皆無改字
公曰：「子之教寡人備矣，敢問行之所始。」孔子曰：「立愛自親始……立敬自長始……。」〈哀公問政〉	相對應之文獻無相同或相似字句。	無法判定
教民反古復始，……反始崇愛……君子反古復始……。同上	教民反古復始，……此教眾反始也……。《禮記‧祭義》	皆無改字
其有所得者三，始誦之……。〈子路初見〉	而所得者三，始誦之文……。《說苑‧政理》	皆無改字
庸知其終始乎……。〈在厄〉	相對應之文獻無相同或相似字句。	無法判定
行者，政之始也……故德者政之始也。〈入官〉	行者，政之始也……故惠者政之始也。《大戴禮記‧子張問入官》	皆無改字
其始播百穀……。〈困誓〉	其始播百穀……。《荀子‧大略》、《韓詩外傳八》	皆無改字
庸知其非激憤厲志之始，於是乎在？同上	相對應之文獻無相同或相似字句。	無法判定
始垂衣裳……務先民始之……五載一始……。〈五帝德〉	黃帝黼黻衣……先民治之……。《大戴禮記‧五帝德》	無法判定
太皥氏其始之木何如……。〈五帝〉	相對應之文獻無相同或相似字句。	無法判定
故命者，性之始也……有始則必有終矣。人始生而有不具者五焉……群生閉藏乎陰，而為化育之始……重婚姻之始也。〈本命解〉	故命者，性之終也……。《大戴禮記‧本命》	皆無改字
親始死三日不怠，三月不懈……。同上	始死三日不怠，三月不解……。同上	皆無改字
郊之祭也，大報本反始也……故周之始郊，其月以日至。〈郊問〉	……周之始郊，日以至。《禮記‧郊特牲》	皆無改字
王始加元服……懿子曰：「始冠必加緇布之冠，何也？」……〈冠頌〉	始冠之，緇布之冠也。同上	皆無改字
且夫武始成而北出……。〈辯樂解〉	且夫武始而北出……。《禮記‧樂記》	皆無改字
孔子曰：「夫其亂齊存魯，吾之始願……。」〈屈節解〉	相對應之文獻無相同或相似字句。	無法判定

……孔子始教學於閭里而受學……。〈七十二弟子解〉	相對應之文獻無相同或相似字句。	無法判定
殷宗以下，未始有也……。〈本姓解〉	無相對應之文獻。	無法判定
自管仲始也，有君命焉。〈曲禮子夏問〉	自管仲始也，有君命焉爾。《禮記‧雜記下》	皆無改字
祔，祭神之始事也……。同上	相對應之文獻無相同或相似字句。	無法判定
喪慈母如母，始則魯孝公之為也。同上	自魯昭公始也。《禮記‧曾子問》	皆無改字
夫子曰：「始死則矣。」同上	夫子曰：「始死……。」《禮記‧檀弓》	皆無改字
始死之設重也，何為……。同上	無相對應之文獻。	皆無改字
質明而始行事，晏朝而徹……。〈曲禮公西赤問〉	相對應之文獻無相同或相似字句。	無法判定

【說明】

以正例觀之，《家語》並無作「肇」字者，無法判定其他相對應文獻是否有改字。

以反例觀之，《家語》作「始」字者，於其他相對應文獻之中，皆已作「始」字，並非《家語》改字。

5. 漢殤帝（106A.D）諱隆以盛字代

【3-30】《家語》所見殤帝名諱正例、反例表

《家語》作「隆」字者	重出文獻相對應之文句	說　明
其長九尺有六寸，河目隆顙……。〈困誓〉	相對應之文獻無相同或相似字句。	無法判定
不酢而降，隆殺之義辯矣。〈觀鄉射〉	隆殺之義別矣。《禮記‧鄉飲酒義》	皆無改字
	隆殺之義辨矣。《荀子‧樂論》	
哀公問於孔子曰：「二三大夫皆勸寡人使隆敬於高年，何也？」……頒禽隆之長者，而悌達乎蒐狩矣……〈正論解〉	……頒禽隆諸長者……。《禮記‧祭義》	皆無改字
《家語》作「盛」字者	重出文獻相對應之文句	說　明
參見（八）、漢元帝諱奭以盛字代。	未見有作隆字者。	闕

【說明】

以正例觀之，《家語》作「隆」字計有四次，於其他相對應之文獻中，並無改字情形出現。

以反例觀之，《家語》作「盛」字者，於其他相對應之文獻中，皆已作「盛」亦，並非《家語》改字。

6. 漢安帝（107～125A.D）諱祜以福字代

【3-31】《家語》所見安帝名諱正例、反例表

《家語》作「祜」字者	重出文獻相對應之文句	說　明
闕	闕	闕

《家語》作「福」字者	重出文獻相對應之文句	說　明
仲由問曰：「由聞君子禍至不懼，福至不喜……。」〈始誅〉	相對應之文獻無相同或相似字句。	無法判定
孔子對曰：「君之及此言，是臣之福也。」〈大婚解〉	是臣之福也。《禮記・哀公問》 是臣之福也。《大戴禮記・哀公問於孔子》	皆無改字
哀公問於孔子曰：「夫國家之存亡禍福……。」……存亡禍福……詭福反爲禍者也……得禍爲福者……。〈五儀解〉	存亡禍福……詭福反爲禍……禍反爲福……。《說苑・敬愼》	皆無改字
誠能愼之，福之根也。〈觀周〉	誠不能愼之，禍之根也。《說苑・敬愼》	無法判定
聖人轉禍爲福，此謂是與……。〈辯政〉	相對應之文獻無相同或相似字句。	無法判定
夫賢者，百福之宗也……。同上	百福之宗也……。《說苑・政理》	皆無改字
……而獨以所從爲禍福。〈六本〉	相對應之文獻無相同或相似字句。	無法判定
昔者聞諸夫子，爲善者天報之以福……。〈在厄〉	天報之以福……。《荀子・宥坐》 天報之以福……。《韓詩外傳七》 天報以福……。《說苑・雜言》	皆無改字
彼戰不勝王之福……。〈屈節解〉	彼戰不勝，王之福矣。《史記・仲尼弟子列傳》	皆無改字
《詩》云：「永言配命，自求多福。」〈正論解〉	《詩》曰：「永言配命，自求多福。」《左傳・昭公廿八年傳》	皆無改字
禍福之至，不是過乎……。同上	禍福之至，不是過也……。《左傳・哀公六年傳》	皆無改字
祭則受福，蓋得其道矣。〈曲禮子夏問〉	相對應之文獻無相同或相似字句。	無法判定

【說明】

　　以正例觀之，《家語》中並無「祜」字，故無法判定。以反例觀之，《家語》作「福」字者，於其他相對應之文獻中，皆已作「福」字，並非《家語》改字。

7. 漢順帝（126～144A.D.）諱保以守字代

【3-32】《家語》所見順帝名諱正例、反例表

《家語》作「保」字者	重出文獻相對應之文句	說　明
其政曉察，則民不保……。〈三恕〉	相對應之文獻無相同或相似字句。	無法判定
而習亡國之聲，豈能保其六七尺之體哉？〈辯樂解〉	而又有亡國之聲，豈能保七尺之身哉？《說苑·修文》	皆無改字
遇人入保，負杖而息……〈曲禮子貢問〉	公叔禺人遇負杖入保者息……。《禮記·檀弓下》	皆無改字
《家語》作「守」字者	重出文獻相對應之文句	說　明
七教修，然後可以守……明王之道其守也……其禮可守……此之謂明王之守。〈王言解〉	可以守……明主之守也……其禮可守……此之謂明主之守也。《大戴禮記·主言》	皆無改字
見利不虧其義，見死不更其守……。〈儒行解〉	見死不更其守……。《禮記·儒行》	皆無改字
「所謂士人者，心有所定，計有所守〈五儀解〉	相對應之文獻無相同或相似字句。	皆無改字
寡人欲吾國小而能守，大則攻……皆君之讎也，將與誰其守？同上	吾欲小則守，大則攻……君將誰與守？《說苑·指武》	皆無改字
刖者守門焉，謂季羔曰……〈致思〉	刖者守門曰……。《說苑·至公》	皆無改字
守廟者曰……守之以愚……守之以讓……守之以怯……守之以謙……〈三恕〉	孔子問於守廟者曰：……守廟者曰……守之以愚……守之以讓……守之以怯……守之以謙……。《荀子·宥坐》	皆無改字
	孔子問於守廟者曰：……守之以恭……守之以儉……守之以卑……守之以畏……守之以愚……守之以淺。《韓詩外傳三》	
	孔子問守廟者曰：……。《說苑·敬慎》	
	守之以愚……守之以陋……守之以畏……守之以儉……守之以讓……所以守天下……《淮南子·道應訓》	
	守以愚……守以儉……守以畏……守以狹……守以讓……守天下也。《文子·九守》	
臧氏家有守龜焉……。〈好生〉	臧氏家有龜焉……。《說苑·權謀》	無法判定

且臣聞之，好肆不守折……。同上	好肆不守折……。《荀子‧哀公》	皆無改字
人皆趨彼，我獨守此。〈觀周〉	我獨守此。《說苑‧敬慎》	皆無改字
其智足以治千乘，其信足以守之……。〈賢君〉	其知足以治千乘之國，其信足以守之……。《說苑‧尊賢》	皆無改字
廉平之守，不可改也。〈辯政〉	廉平之守，不可攻也。《說苑‧政理》	皆無改字
客曰：「敢問誰守爲神？」孔子曰：「……其守爲神。社稷之守爲公侯……。」客曰：「防風何守？」孔子曰：「汪芒氏之君守封嵎山者……。」〈辯物〉	敢問誰守爲神……其守爲神。社稷之守者爲公侯……防風何守也……汪芒氏之君也守封嵎之山者也……。」《國語‧魯語》	皆無改字
宋之郊也契，是天子之事守也……鬼神以爲徒，故事有守……王中心無違也，以守至正……百姓以睦相守……明於順，然後乃能守危……。〈禮運〉	是天子之事守也……故事有守也……王中心無爲也，以守至正……百姓以睦相守，天下之肥也……明於順，然後乃能守危也。《禮記‧禮運》	皆無改字
清淨守節，貧而樂道。〈七十二弟子解〉	相對應之文獻無相同或相似字句。	無法判定
公夏守，字子乘。同上	公夏首字乘。《史記‧仲尼弟子列傳》	無法判定
善哉！守道不如守官……。〈正論解〉	守道不如守官。《左傳‧昭公廿年傳》	皆無改字
夫晉國將守唐叔之所受法度……卿大夫以序守之，民是以能遵其道而守其業……何業之守也……。同上	夫晉國將守唐叔之所受法度……卿大夫以序守之……貴是以能守其業……貴何業之守也……。《左傳‧昭公廿九年傳》	皆無改字
名以出信，信以守器……。同上	名以出信，信以守器。《左傳‧成公二年傳》	皆無改字
孔子之守狗死……。〈曲禮子夏問〉	仲尼之畜狗死……。《禮記‧檀弓》	無法判定

【說明】

　　以正例觀之，《家語》作「保」字者計有三次，於其他相對應之文獻中，並無改字情形。

　　以反例觀之，《家語》作「福」字者，於其他相對應之文獻中，皆已作「福」字，並非《家語》改字。

8. 漢沖帝（145A.D.）諱炳以明字代

【3-33】《家語》所見沖帝名諱正例、反例表

《家語》作「炳」字者	重出文獻相對應之文句	說　明
闕	闕	闕

《家語》作「明」字者〔註37〕	重出文獻相對應之文句	說　明
夫道者，所以明德也……非道德不明……曾子曰：「道則至矣，弟子不足以明之。」……非道邇也，見明德也……所謂天下之明者……。〈王言解〉	道者，所以明德也……非道不明……曾子曰：「道則至矣，弟子不足以明之。」……及其明德也……所謂天下之至明者……。《大戴禮記・主言》	皆無改字
已成而明之，是天道也。〈大婚解〉	已成而明，是天道也。《大戴禮記・哀公問於孔子》	皆無改字
思慮通明而辭不專……明竝日月，化行若神……君既明此五者……。〈五儀解〉	思慮明通……明察乎日月……。《荀子・哀公》	皆無改字
	思慮明達而辭不爭……參乎日月……。《大戴禮記・哀公問五義》	
思先王之政，明養民之道……。同上	明養老之道……。《說苑・敬慎》	皆無改字
近而愈明者，學也。〈致思〉	近而逾明者，學也。《尚書大傳》	皆無改字
	近而逾明者，學也。《說苑・建本》	
智而不能及，明而不能見……。〈好生〉	智不能及，明不能見……。《說苑・權謀》	皆無改字
通禮樂之原，明道德之歸……則必有明德而達者焉……。〈觀周〉	相對應之文獻無相同或相似字句。	無法判定
夫明鏡所以察形，往古者所以知今……。同上	無相對應之文獻。	無法判定
是澹臺滅明之行也。〈弟子行〉	是澹臺滅明之行也。《大戴禮記・衛將軍文子》	皆無改字
以蔽其明，故曰政在諭臣。〈辯政〉	以蔽其明，故曰政在諭臣。《尚書大傳》	皆無改字
善哉！由也，明察以斷矣……此其言明察以斷，故其政不擾也。同上	善哉！由明察以斷矣……此明察以斷，故民不擾也。《韓詩外傳六》	皆無改字
夫度量不可明，是中人所由之令……。〈六本〉	故夫度量不可不明也……。《說苑・雜言》	皆無改字
不明于善，不誠于身矣……〈哀公問政〉	不明乎善……《禮記・中庸》	皆無改字
明命鬼神，以為民之則……。同上	明命鬼神……。《禮記・祭義》	皆無改字
《詩》云：明發不寐，有懷二人……明發不寐，有懷二人。同上	《詩》云：明發不寐……明發不寐……。同上	皆無改字
是學不得明也……是學益明也……。〈子路初見〉	以是學不得明也……是學日益明也……。《說苑・政理》	皆無改字

〔註37〕凡「明王」、「明主」、「明君」、「神明」、「聰明」、「明堂」、「明日」、「幽明」、「明器」諸詞，皆屬先秦舊稱，與避諱改字無涉，故皆不羅列於表中。

君子以臨官所見則邇，故明不可蔽也……明在己則民顯之……長民者必明此之要……古者聖主冕而前旒，所以蔽明也……。〈入官〉	故明不可弊也……所以蔽明也……。《大戴禮記·子張問入官》	皆無改字
聰以知遠，明以察微……明鬼神而敬事之，其色也和……叡明智通，為天下帝……則於滅明改之矣。〈五帝德〉	明以察微……明鬼神而敬事之……叡明通知……於滅明邪改之。《大戴禮記·五帝德》	皆無改字
無敢益者，明不可與等……。〈五帝〉	相對應之文獻無相同或相似字句。	無法判定
故屬不理，分職不明……。〈執轡〉	官屬不理，分職不明。《大戴禮記·盛德》	皆無改字
是故審其倫而明其別謂之知……。〈本命解〉	審倫而明其別謂之知。《大戴禮記·本命》	皆無改字
明乎郊社之義，禘嘗之禮……。〈論禮〉	明乎郊社之義，嘗禘之禮……。《禮記·仲尼燕居》	皆無改字
是以正明目而視之，不可得而見……。同上	是故正明目而視之，不可得而見也……。《禮記·孔子閒居》	皆無改字
貴賤既明，降殺既辨……。〈觀鄉射〉	貴賤明……。《禮記·鄉飲酒義》 貴賤明……。《荀子·樂論》	皆無改字
郊所以明天道也。〈郊問〉	相對應之文獻無相同或相似字句。	無法判定
明喪祭之禮所以教仁愛也……喪祭之禮明，……明尊卑也……所以明義也，義必明則民不犯……所以明長幼之序……明夫婦之義也……夫婦既明……而明好惡順天道……尚必明其灋典以申固之。〈五刑解〉	喪祭之禮……喪祭之禮明，……明尊卑……所以明義也……。《大戴禮記·盛德》	皆無改字
大司寇正刑明辟以察獄……。〈刑政〉	司寇正刑明辟……。《禮記·王制》	皆無改字
所以別嫌明微……夫君者，明人則有過……明於利……明於順……。〈禮運〉	所以別嫌明微……故君明人則有過……明於其利……故明於順……。《禮記·禮運》	皆無改字
清明在躬……《詩》云：「明明天子，令問不已。」〈問玉〉	明明天子……。《韓詩外傳五》 清明在躬……《詩》云：明明天子……。《禮記·孔子閒居》	皆無改字
聖人明於禮樂，舉而措之而已……。同上	君子明於禮樂，舉而錯之而已……。《禮記·仲尼燕居》	皆無改字
躬敦厚，明親親……。〈屈節解〉	相對應之文獻無相同或相似字句。	無法判定
澹臺滅明，武城人……。〈七十二弟子解〉	澹臺滅明……。《史記·仲尼弟子列傳》	皆無改字
右作蜀，字子明。同上	石作蜀，字子明。同上	皆無改字

制作《春秋》，讚明《易》道……。〈本姓解〉	無相對應之文獻。	無法判定
然明欲毀鄉校……。〈正論解〉	然明謂子產曰……。《左傳・襄公卅一年傳》	皆無改字
慘不畏明……。同上	慘不畏明……。《左傳・昭公廿年傳》	皆無改字
不量主之明暗，以受大刑……。同上	相對應之文獻無相同或相似字句。	無法判定
子張有父之喪，公明儀相焉……。〈曲禮子貢問〉	相對應之文獻無相同或相似字句。	無法判定
剖情損禮，欲以明其子爲令德也。……〈曲禮子夏問〉	欲明其子之令德……。《國語・魯語》	皆無改字
質明而始行事，晏朝而徹……。〈曲禮公西赤問〉	質明而始行事……。《禮記・禮器》	皆無改字

【說明】

以正例觀之，《家語》並無「炳」字，故無法判定。以反例觀之，《家語》作「明」字者，於其他相對應文獻之中，皆已作「明」字，並非《家語》改字。

9. 漢質帝（146A.D.）諱纘以繼字代

【3-34】《家語》所見質帝名諱正例、反例表

《家語》作「纘」字者	重出文獻相對應之文句	說　明
闕	闕	闕

《家語》作「繼」字者〔註38〕	重出文獻相對應之文句	說　明
合二姓之好，以繼先聖之後……。〈大婚解〉	以繼先聖之後……。《禮記・哀公問》	皆無改字
恭則近禮，勤則有繼……。〈弟子行〉	相對應之文獻無相同或相似字句。	無法判定
繼絕世，舉廢邦……。〈哀公問政〉	繼絕世，舉廢國……。《禮記・中庸》	皆無改字
王方以存亡繼絕之名，棄強齊而伐小越……。〈屈節解〉	且王方以存亡繼絕爲名……。《史記・仲尼弟子列傳》	皆無改字
吾聞聖人之後，而非繼世之統……。〈本姓解〉	無相對應之文獻。	無法判定
哀則哀矣，而難繼也。夫禮爲可傳也，爲可繼也……。〈曲禮子貢問〉	哀則哀矣，而難爲繼也。夫禮爲可傳也，爲可繼也……。《禮記・檀弓》	皆無改字
終日不足，繼以燭……。〈曲禮公西赤問〉	日不足，繼之以燭……。《禮記・禮器》	皆無改字

〔註38〕 「繼父」一詞與避諱改字無涉，今不羅列於此。

【說明】

　　以正例觀之，《家語》並無「纘」，故無法判定。以反例觀之，《家語》作「繼」字者，於其他相對應之文獻中，皆已作「繼」字，並非《家語》改字。

10. 漢桓帝（147～167A.D.）諱志以意字代

【3-35】《家語》所見桓帝名諱正例、反例表

《家語》作「志」字者	重出文獻相對應之文句	說　明
幸煩子志之心也……。〈大婚解〉	子志之心也……。《禮記・哀公問》	皆無改字
其志，不可奪也；雖危起居，猶竟信其志，……君得其志，民賴其德……儒有合志同方。〈儒行解〉	而志，不可奪也……竟信其志，……君得其志……儒有合志同方。《禮記・儒行》	皆無改字
食不二味，心不淫志……。〈問禮〉	相對應之文獻無相同或相似字句。	無法判定
生今之世，志古之道……則志不在於食焄……則志不在酒肉。生今之世，志古之道……。〈五儀解〉	生今之世，志古之道……志不在於食葷……志不在於酒肉。生今之世，志古之道……。《荀子・哀公》	皆無改字
二三子各言爾志，吾將擇焉……雖然，各言爾志也，小子言之……。〈致思〉	二三子各言爾志……。《韓詩外傳九》	皆無改字
	二三子者各言爾志……。《說苑・指武》	
又嘗聞君子之言志矣……。〈三恕〉	相對應之文獻無相同或相似字句。	無法判定
發源必東，此似志……。同上	似志……。《荀子・宥坐》	皆無改字
由志之，吾告汝……。同上	志之，吾語女……。《荀子・子道》	皆無改字
	由志之，吾語女……。《韓詩外傳三》	
	由記之，吾語若……。《說苑・雜言》	
二三子志之，孰爲參也不知禮也！〈好生〉	相對應之文獻無相同或相似字句。	無法判定
志不存乎樂，非耳弗聞……。同上	……不聽樂，非耳不能聞也。《荀子・哀公》	無法判定
齊莊而能肅，志通而好禮……博聞而時出其志。〈弟子行〉	志通而好禮……博聞而時出其志也。《大戴禮記・衛將軍文子》	皆無改字
其國雖小其志大……。〈賢君〉	其國小而志大……。《說苑・尊賢》	皆無改字
志，夫鐘之音……其志變者，聲亦隨之。故志誠感之……。〈六本〉	志也，鐘鼓之聲……其志變……其志誠通乎……。《說苑・修文》	皆無改字
商請志之，而終身奉行焉。同上	子夏曰善，請終身誦之。《說苑・敬慎》	無法判定

紂將悔寤其本志……。〈子路初見〉	相對應之文獻無相同或相似字句。	皆無改字
則志不廣，庸知其終始乎……賜，爾志不廣矣，思不遠矣。〈在厄〉	賜，而志不遠矣……。《史記·孔子世家》	皆無改字
短長得其量，人志治而不亂……藏乎志，刑乎色……。〈入官〉	故治而不亂……藏乎志，形乎色……。《大戴禮記·子張問入官》	皆無改字
趙簡子未得志之時，須此二人而後從政，及其已得志也……。〈困誓〉	未得志之時……已得志，殺之……。《史記·孔子世家》	皆無改字
	未得志也……及其得志也，殺之……。《說苑·權謀》	
	未得意之時……及其得意也，殺之……。《新序》今本無，見《三國志·魏書·劉廙傳》裴注引	《新序》改字
由，汝志之……。同上	由，志之……。《荀子·子道》	皆無改字
庸知其非激憤厲志之始，於是乎在？同上	相對應之文獻無相同或相似字句。	無法判定
恢其志而無不容……。同上	相對應之文獻無相同或相似字句。	無法判定
其男子有死之志……。同上	其男子有死之志……。《史記·孔子世家》	皆無改字
故亦唯其所引，無不如志……乖離異志曰不和……。〈執轡〉	相對應之文獻無相同或相似字句。	無法判定
志之所至，詩亦至焉……，志氣塞于天地……弟子敢不志之。〈論禮〉	志之所至，詩亦至焉……，志氣塞乎天地……弟子敢不承乎。《禮記·孔子閒居》	皆無改字
三加彌尊，導喻其志……王始加元服，去王幼志……。〈冠頌〉	相對應之文獻無相同或相似字句。	無法判定
丘未得其志也……已習其志，可以益矣。〈辯樂解〉	未得其意也……。《韓詩外傳五》	《韓詩外傳》改字
	丘未得其志也……已習其志……。《史記·孔子世家》	皆無改字
則武王之志荒矣……發揚蹈厲，太公之志也。同上	則武王之志荒矣……發揚蹈厲，大公之志也。《禮記·樂記》	皆無改字
清明在躬，氣志如神……。〈問玉〉	清明在躬，氣志如神……。《禮記·孔子閒居》	皆無改字
志達而不犯於義……。〈屈節解〉	無相對應之文獻。	無法判定
其志欲之，而心畏越……且無報人之志，而令人疑之……以邀射其志……。同上	其志欲之……無報人之志……徼其志……。《史記·仲尼弟子列傳》	皆無改字

衎然有自得之志。〈七十二弟子解〉	相對應之文獻無相同或相似字句。	無法判定
嘗返衛見讀史志者云……讀史志曰……。同上	有讀史記者曰……。《呂氏春秋·慎行覽·察傳》	無法判定
志存孝道……。同上	孔子以爲能通孝道……。《史記·仲尼弟子列傳》	無法判定
特好《易》，孔子傳之志焉。同上	孔子傳《易》於瞿。同上	無法判定
自吾志，天何與焉。〈本姓解〉	無相對應之文獻。	無法判定
失志爲昏……樹松栢爲志焉……尚行夫子之志而已……。〈終記解〉	失志爲昏……。《左傳·哀公十六傳》	皆無改字
	尚行夫子之志乎哉。《禮記·檀弓》	
孔子覽晉志……。〈正論解〉	相對應之文獻無相同或相似字句。	無法判定
志有之，言以足志……不言誰知其志……。同上	志有之，言以足志……不言誰知其志……。《左傳·襄公廿五年傳》	皆無改字
孔子讀其志曰……。同上	古也有志……。《左傳·昭公十二年傳》	皆無改字
弟子志之……。同上	弟子志之……。《國語·魯語》	皆無改字
《家語》作「意」字者	**重出文獻相對應之文句**	**說　明**
叔孫不得意於季氏……。〈相魯〉	相對應之文獻無相同或相似字句。	無法判定
君既明此五者，又少留意於五儀之事……。〈五儀解〉	相對應之文獻無相同或相似字句。	無法判定
意者國亡乎！同上	意朝亡乎！《說苑·敬慎》	皆無改字
意者難可濟也。丈夫不以措意……。〈致思〉	意者難可以濟乎。丈夫不以錯意，遂度而出。《列子·說符》	皆無改字
	意者難可濟也。丈夫不以錯意，遂渡而出。《說苑·雜言》	
自滿而無極，亢意而不節……。〈六本〉	自臧而滿意，窮高而不衰……。《說苑·敬慎》	皆無改字
釋古之道，而行由之意可乎？……行子之意，庸知子意不以是爲非……。同上	請釋古之學而行由之意可乎……行子之意，庸知子用非爲是……。《說苑·建本》	皆無改字
君子無所困，意者夫子未仁與……意者夫子未智與……。〈在厄〉	意者當遺行乎……。《韓詩外傳七》	皆無改字
	意者尚有遺行乎……。《說苑·雜言》	
	意者吾未仁邪……意者吾未知邪……。《史記·孔子世家》	
其未得之，則樂其意……。同上	則樂其意……。《荀子·子道》	皆無改字

意者身不敬與，辭不順與……。〈困誓〉	意者身不敬與……。《荀子‧子道》	皆無改字
多其功而不意……。同上	多其功而不德……。《荀子‧堯問》	皆無改字
	多功不言……。《韓詩外傳七》	
闇忽之意，非君子之道者……昌意之子曰高陽……。〈五帝德〉	闇昏忽之，意非君子之道也……昌意之子也曰高陽……。《大戴禮記‧五帝德》	皆無改字
意者德不及上古耶，將有限乎？〈五帝〉	相對應之文獻無相同或相似字句。	無法判定
意論輕重之序，愼深淺之量以別之……。〈刑政〉	意論輕重之序，愼測淺深之量以別之……。《禮記‧王制》	皆無改字
非意之，必知其情……。〈禮運〉	非意之也，必知其情……。《禮記‧禮運》	皆無改字
由今也匹夫之徒，曾無意于先王之制……。〈辯樂解〉	既無意乎先王之制……。《說苑‧修文》	皆無改字
且無報人之志，而令人疑之……，有報人之意，而使人知之……。〈屈節解〉	且夫無報人之志而令人疑之……，有報人之志，使人知之……。《史記‧仲尼弟子列傳》	皆無改字
將以自試也，意者以此爲諫乎？同上	相對應之文獻無相同或相似字句。	無法判定

【說明】

以正例觀之，《家語》作「志」字者計有六十六次，一次於《新序》改作「意」字，一次於《韓詩外傳》改作「意」字。

以反例觀之，《家語》作「意」字者，於其他相對應之文獻中，皆已作「意」字，並非《家語》改字。其中《家語‧屈節解》之「有報人之意」，《史記》作「有報人之志」，並非《家語》改字，乃由於「志」、「意」互文見意。

11. 漢靈帝（168～188A.D.）諱宏以大字代

【3-36】《家語》所見靈帝名諱正例、反例表

《家語》作「宏」字者	重出文獻相對應之文句	說　明
闕	闕	闕

《家語》作「大」字者〔註39〕	重出文獻相對應之文句	說　明
尊君卑臣，政化大行。〈相魯〉	相對應之文獻無相同或相似字句。	無法判定

〔註39〕 「大司寇」、「大夫」、「大王」、「大牢」、「大人」、「大怪」、「大雨」、「大水」、「大霖雨」、「大鳥」、「大雀」、「大杖」、「大臣」、「大報本」、「大報天」、「大郊」、「大饗」、「大旅」、「大罪」、「大欲」、「大祭」、「大雅」、「大帶」、「大刑」、「大旱」、「大功」諸詞，皆爲常見詞彙，與避諱改字無涉，今不羅列於此。

以其故天下有大惡者五……。〈始誅〉	人有惡者五……。《荀子・宥坐》	無法判定
	夫王者之誅有五……《說苑・指武》	
三軍大敗，不可斬也……。同上	三軍大敗……。《荀子・宥坐》	皆無改字
	三軍大敗……。《韓詩外傳三》	
	三軍大敗……。《說苑・政理》	
是故仁者莫大乎愛人，智者莫大乎知賢，賢政者莫大乎官能有土之君……。〈王言解〉	是故仁者莫大於愛人，知者莫大於知賢，政者莫大於官賢……。《大戴禮記・主言》	皆無改字
敢問人道孰爲大……人道，政爲大……古之爲政，愛人爲大……愛人，禮爲大，所以治。……敬爲大……，大昏爲大……大昏至矣。……大昏既至……敬身爲大……則大化愓乎天下矣。〈大婚解〉	敢問人道誰爲大……人道，政爲大……愛人爲大……禮爲大……敬爲大……，大昏爲大……大昏至矣。……敬身爲大……則愓乎天下矣。《禮記・哀公問》	皆無改字
	敢問人道誰爲大……人道，政爲大……愛人爲大……禮爲大……敬爲大……，大昏爲大……大昏至矣。……敬身爲大……則愓乎天下矣。《大戴禮記・哀公問於孔子》	
動作愼，大讓如慢……大則如威……。〈儒行解〉	大讓如慢……大則如威……。《禮記・儒行》	皆無改字
大禮何如……不足以知大禮……禮爲大……。〈問禮〉	大禮何如……不足以知禮……禮爲大……。《禮記・哀公問》	皆無改字
	大禮何如……何足以知禮……禮爲大……《大戴禮記・哀公問於孔子》	
是爲大祥……此禮之大成也。同上	是謂大祥……此禮之大成也。《禮記・禮運》	皆無改字
見小闇大……敷其大道而遂成情性……。〈五儀解〉	……大道者，所以變化遂成萬物也……。《荀子・哀公》	皆無改字
	……大道，應變而不窮……。《大戴禮記・哀公問五義》	
寡人欲吾國小而能守，大則攻……。同上	吾欲小則守，大則攻……。《說苑・指武》	皆無改字
有雀生大鳥於城隅焉……凡以小生大……七日大拱……。同上	爵生鳥於城……凡以小生巨……七日而大拱……。《說苑・敬愼》	皆無改字
終而有大名……。〈致思〉	相對應之文獻無相同或相似字句。	皆無改字
君子所見，大水必觀焉何也？〈三恕〉	相對應之文獻無相同或相似字句。	無法判定
以君之問不先其大者……其大何乎……。〈好生〉	相對應之文獻無相同或相似字句。	無法判定

惜乎其不大也……同上	惜乎其不大……。《說苑・至公》	皆無改字
〈鹿鳴〉興於獸，而君子大之。同上	君子大之。《淮南子・泰族訓》	皆無改字
斯大業也，君盍以乘資之……。〈觀周〉	相對應之文獻無相同或相似字句。	無法判定
勿謂何害，其禍將大。同上	其禍將大。《說苑・敬慎》	皆無改字
受小共大共……夫子以其仁爲大學之深。〈弟子行〉	受小共大共……夫子以其仁爲大也。《大戴禮記・衛將軍文子》	皆無改字
衛國有大事則必起而治之……。〈賢君〉	國有大事……。《說苑・尊賢》	皆無改字
其國雖小其志大……。同上	其國小而志大……。《說苑・尊賢》	皆無改字
政之急者，莫大乎使民富且壽也。同上	相對應之文獻無相同或相似字句。	無法判定
其大者，乃於此乎……。〈辯政〉	欲其大者，乃於此在矣……。《說苑・政理》	皆無改字
其不孝孰大焉……參罪大矣。〈六本〉	不義不孝孰是大乎……。《說苑・建本》	皆無改字
敢問骨何如爲大……其骨專車焉，此爲大矣。〈辯物〉	敢問骨何爲大……此爲大矣。《國語・魯語》	皆無改字
採薪於大野……。同上	西狩於大野……。《左傳・哀公十四年傳》	皆無改字
親親爲大……尊賢爲大。〈哀公問政〉	親親爲大……尊賢爲大。《禮記・中庸》	皆無改字
此之謂大教……。同上	相對應之文獻無相同或相似字句。	無法判定
吾子之言，其義大矣……。〈顏回〉	相對應之文獻無相同或相似字句。	無法判定
其聘我者，孰大於是哉……。〈子路初見〉	聘我者孰大……。《說苑・政理》	皆無改字
夫子之道至大……夫子之道至大……。〈在厄〉	夫子之道至大也……夫子之道至大……。《史記・孔子世家》	皆無改字
故君子南面臨官，大域之中而公治之……合是忠信，考是大倫……民有大罪，必原其故……入官之大統矣。〈入官〉。	故君子南面臨官大城而公治之……考是大倫……民有小罪……治民之統也。《大戴禮記・子張問入官》。	皆無改字
大哉乎死也……大哉乎死也！〈困誓〉	大哉死乎……。《列子・天瑞》 大哉死乎……。《荀子・大略》	皆無改字
動靜之類，小大之物……承受大命……予大者如天。〈五帝德〉	大小之神……承受大命……予者如……。《大戴禮記・五帝德》	皆無改字
大事斂用昏……大事斂用日中……大事斂用日出。〈五帝〉	大事斂用昏……大事斂用日中……大事斂用日出。《禮記・檀弓》	皆無改字
壚土之人大……。〈執轡〉	虛土之人大……。《大戴禮記・易本命》	皆無改字

義之大也……。〈本命解〉	義之大者也……《大戴禮記・本命》	皆無改字
言則美矣，大矣……。〈論禮〉	言則大矣，美哉……《禮記・孔子閒居》	皆無改字
天子大裘以黼之，被裘象天。〈郊問〉	相對應之文獻無相同或相似字句。	無法判定
無度則小者偷惰，大者侈靡……。〈五刑解〉	大者侈靡……《大戴禮記・盛德》	皆無改字
疑則赦之，皆以小大之比成也。〈刑政〉	相對應之文獻無相同或相似字句。	無法判定
昔大道之行……大道之行，天下為公……故外戶而不閉，謂之大同。今大道既隱……人之大惡存焉。欲惡者，人之大端……事鬼神之大端……順人情之大寶……是謂大順。大順者……故事大積焉而不苑。〈禮運〉	大道之行也……大道之行也，天下為公……是謂大同。今大道既隱……人之大欲存焉。故欲惡者，人之大端也……人之大端也……事鬼神之大端也……順人情之大寶也……是謂大順。大順者……故事大積焉而不苑。《禮記・禮運》	皆無改字
六者天下之大教也。〈辯樂解〉	五者天下之大教也。《禮記・樂記》	皆無改字
誅暴齊以服晉，利莫大焉……。〈屈節解〉	利莫大焉……《史記・仲尼弟子列傳》	皆無改字
魚之大者名為……。同上	相對應之文獻無相同或相似字句。	無法判定
吾欲使熟而不用吾命，況大事乎？〈七十二弟子解〉	相對應之文獻無相同或相似字句。	無法判定
雖年大性嚴，不足為疑……以夫之年大……。〈本姓解〉	相對應之文獻無相同或相似字句。	無法判定
乃今而後知泰山之為高，淵海為大……夫物莫能兩大……。同上	無相對應之文獻。	皆無改字
夫孔子者，大聖無不該……。〈正論解〉	無相對應之文獻。	無法判定
陳亡周之大德……弊邑大懼……今大國多數圻矣。同上	今陳忘周之大德……敝邑大懼……今大國多數圻矣。《左傳・襄公廿五年傳》	皆無改字
豎牛禍叔孫氏，使亂大從……罪莫大焉。同上	使亂大從……罪莫大焉……。《左傳・昭公五年傳》	皆無改字
大決所犯，傷人必多……。同上	大決所犯……《左傳・襄公卅一年傳》	皆無改字
楚昭王知大道矣……。同上	楚昭王知大道矣。《左傳・襄公六年傳》	皆無改字
	昭王可謂知天道矣……《說苑・君道》	
人之於冉求信之矣，將大用之。同上	相對應之文獻無相同或相似字句。	無法判定
利以平民，政之大節也。同上	政之大節也。《左傳・成公二年傳》	皆無改字

夫禮，君子不有大故……。〈曲禮子貢問〉	君子非有大故……。《禮記・檀弓》	皆無改字
人臣之節，當君大事……。同上	相對應之文獻無相同或相似字句。	無法判定
出于大門，及墓……。同上	出于大門……。《禮記・檀弓》	皆無改字
少連大連善居喪，其有異稱乎？〈曲禮子夏問〉	少連大連善居喪……。《禮記・雜記》	皆無改字
其爲不敬也大矣。〈曲禮公西赤問〉	其爲不敬大矣。《禮記・禮器》	皆無改字
男女之別，禮之大經。同上	無相對應之文獻。	無法判定

【說明】

以正例觀之，《家語》並無「宏」字，故無法判定。以反例觀之，《家語》作「大」字者，於其他相對應之文獻中，皆已作「大」字，並非《家語》改字。

12. 漢少帝（189A.D.）諱辯

【3-37】《家語》所見少帝名諱正例、反例表

《家語》作「辯」字者	重出文獻相對應之文句	說　明
三日言僞而辯……。〈始誅〉	三日言僞而辯……。《荀子・宥坐》	皆無改字
其過失可微辯，而不可面數也……。〈儒行解〉	其過失可微辨，而不可面數也……。《禮記・儒行》	皆無改字
非禮則無以辯君臣、上下、長幼之位焉……。〈問禮〉	非禮無以辨君臣、上下、長幼之位也……。《禮記・哀公問》	皆無改字
	非禮無以辨君臣、上下、長幼之位也……。《大戴禮記・哀公問於孔子》	
夫子曰：「辯哉。」……而賜無所用其辯矣。〈致思〉	辯士哉……。《韓詩外傳九》	皆無改字
	辯哉……。《說苑・指武》	
自丘之聞，未有若吾子所問辯且說也……。〈三恕〉	相對應之文獻無相同或相似字句。	皆無改字
小辯害義，小言破道……。〈好生〉	相對應之文獻無相同或相似字句。	無法判定
博辯閎達而危其身……。〈觀周〉	博辯廣大危其身者……。《史記・孔子世家》	皆無改字
夫說者流於辯……。同上	夫說者流於聽……。《說苑・反質》	皆無改字
〈辯政〉（《家語》篇名）。	無相對應之文獻。	無法判定
〈辯物〉（《家語》篇名）。	〈辨物〉（《說苑》篇名）。	皆無改字
毀人之善以爲辯……。〈顏回〉	無相對應之文獻。	無法判定
而智不充其辯。〈子路初見〉	而智不充其辯。《韓非子・顯學》	皆無改字

隱微之說，卒采之辯……。〈五帝德〉	隱微之說，卒業之辨……。《大戴禮記・五帝德》	皆無改字
是故居家有禮，故長幼辯以之……喪紀得其哀，辯說得其黨……喪紀失其哀，辯說失其黨……。〈論禮〉	故長幼辨也……辨說得其黨……辨說失其黨……。《禮記・仲尼燕居》	皆無改字
不酢而降，隆殺之義辯矣。〈觀鄉射〉	隆殺之義別矣……隆殺辨……。《禮記・鄉飲酒義》	皆無改字
	隆殺之義辨矣。《荀子・樂論》	
行偽而堅，言詐而辯……。〈刑政〉	行偽而堅，言偽而辯……。《禮記・王制》	皆無改字
〈辯樂解〉（《家語》篇名）。	無相對應之文獻。	無法判定
昔者明王聖人，辯貴賤長幼……〈問玉〉	辨貴賤長幼……。《禮記・仲尼燕居》	皆無改字
此則吾子用辯之時也……。〈屈節解〉	相對應之文獻無相同或相似字句。	無法判定
孔子每詘其辯……。〈七十二弟子解〉	孔子常黜其辯。《史記・仲尼弟子列傳》	皆無改字

【說明】

　　以正例觀之，《家語》出現「辯」字計有二十三次，於其他相對應之文獻中，並無改字情形。以反例觀之，由於少帝即位極短，其代字並不清楚，故無判斷基準。

13. 漢獻帝（190～220A.D.）諱協以合字代

【3-38】《家語》所見獻帝名諱正例、反例表

《家語》作「協」字者	重出文獻相對應之文句	說　明
窮萬事之終始，協庶品之自然……〈五儀解〉	相對應之文獻無相同或相似字句。	無法判定
其官於天也，協於分藝……協諸義而協則禮……協諸藝，講於仁……。〈禮運〉	協於分藝……協諸義而協則禮……協於藝，講於仁……。《禮記・禮運》	皆無改字
矢其文德，協此四國……。〈問玉〉	洽此四國。《韓詩外傳五》	無法判定
	協此四國。《禮記・孔子閒居》	皆無改字
《家語》作「合」字者	重出文獻相對應之文句	說　明
孔子溝而合諸墓焉……今合之……。〈相魯〉	溝而合諸墓……。《左傳・定一年傳》	皆無改字
且犧象不出門，嘉樂不野合……。同上	犧象不出門，嘉樂不野合……。《左傳・定公十年傳》	皆無改字
言語不合，莫不來賓……能合天下之至親也……。〈王言解〉	言語不合，莫不來至……能合天下之至親者也……。《大戴禮記・主言》	皆無改字

合二姓之好，以繼先聖之後……天地不合，萬物不生……不過乎物，合天道也……〈大婚解〉	合二姓之好……天地不合……。《禮記・哀公問》	皆無改字
非義不合，不亦難畜乎……慕賢而容眾，毀方而瓦合……儒有合志同方，營道同術……〈儒行解〉	非義不合……毀方而瓦合……儒有合志同方……。《禮記・儒行》	皆無改字
範金合土，以爲臺榭宮室戶牖……是謂合莫，然後退而合烹……〈問禮〉	范金合土……是謂合莫，然後退而合烹……。《禮記・禮運》	皆無改字
所謂聖者，德合於天地……桑穀野木而不合生朝。〈五儀解〉	……桑穀者，野物也，野物生於朝……。《說苑・敬慎》	無法判定
賜願使齊楚合戰於漭瀁之野……。〈致思〉	賜也願齊楚合戰于莽洋之野……。《說苑・指武》	皆無改字
合二十五之智，以治天下……〈六本〉	合二十五人之智……。《說苑・尊賢》	無法判定
王合諸侯……伯合諸侯……〈辯物〉	王合諸侯……伯合諸侯……。《左傳・哀公十三年傳》	皆無改字
合鬼與神而享之，教之至也……。〈哀公問政〉	合鬼與神，教之至也……。《禮記・祭義》	皆無改字
合是忠信，考是大倫……。〈入官〉	合是忠信……。《大戴禮記・子張問入官》	皆無改字
挺劍而合眾，將與之戰。〈困誓〉	相對應之文獻無相同或相似字句。	無法判定
三年顯合……然後道合化成……故聖人因時以合耦……〈本命解〉	三年顯合……然後成道……。《大戴禮記・本命》	皆無改字
合樂三闋……〈觀鄉射〉	合樂三終……。《禮記・鄉飲酒義》	皆無改字
而不合之以仁……合之以仁而不安之以樂……所以持情而合危也……多合男女……〈禮運〉	而不合之以仁……合之以仁而不安之以樂……所以持情而合危也……合男女……。《禮記・禮運》	皆無改字
六合是式……。〈冠頌〉	相對應之文獻無相同或相似字句。	無法判定
王考無廟，合而享嘗乃止……〈廟制〉	……曰皇考廟，享嘗乃止……。《禮記・祭法》	無法判定
且日合諸侯而藝貢事，禮也……〈正論解〉	且日合諸侯藝貢事，禮也……。《左傳・昭公十三年傳》	皆無改字
延陵季子之於禮其合矣。〈曲禮子貢問〉	延陵季子之於禮也，其合矣乎。《禮記・檀弓》	皆無改字
	延陵季子於禮，其合矣。《說苑・修文》	
同姓爲宗，有合族之義……同上	相對應之文獻無相同或相似字句。	無法判定
孔子之母既喪，將合葬焉……合之，美夫……遂合葬於防。〈曲禮公西赤問〉	孔子既得合葬於防……。《禮記・檀弓》	皆無改字

【說明】

以正例觀之，《家語》出現「協」字計有六次，於其他相對應之文獻中，並無改字情形。以反例觀之，《家語》作「合」字者，於其他相對應之文獻中，皆已作「合」字，並非《家語》改字。

第六節　以《家語》所見漢帝名諱及其避諱改字觀察其流傳情形

上節既已全面觀察《家語》所見漢帝名諱及其避諱改字情形，此節遂可以其所見漢帝名諱、避諱改字情形，觀察此書於兩漢時期之流傳情形。然以下先說明何以用《家語》所見漢帝名諱及其避諱改字情形，可考察此書於兩漢時期之流傳情形。

胡平生已運用《家語》所出現之帝諱字，如「邦」、「盈」、「啟」字，於其他可相對應之文獻中，皆已改字之現象，說明《家語》材料屬於較早者，然此處既於正例並未全面考察，於反例之處亦略而弗論。以正例而言，單就「邦」、「盈」、「啟」字，固可說明《家語》之材料屬於較早者，但全面之正例，亦可觀察出《家語》於西漢、東漢各帝中，是否避諱或不避？

以反例而言，《家語》中若有避諱改字情形，而於其他相對應之文獻中，卻仍作帝諱字，則表示此書仍有一定程度之傳鈔與流傳。

先秦兩漢典籍特色之一，在於重出互見而一事異辭，《家語》一書亦是如此。於是透過比對《家語》與其他重出文獻之帝諱字，與避諱改字之情形，即可建構出《家語》之流傳情形。蓋與《家語》重出之文獻，如《小戴禮記》、《大戴禮記》、《說苑》、《新序》、《國語》、《左傳》、《荀子》等書，於漢時皆有一定程度之流傳，若《家語》於帝諱字出現改字情形，於其他相對應之文獻中，應當有跡可尋。

以下先將上節考察結果，簡要繪製成下表：

【3-39】《家語》所見漢帝名諱及其避諱改字簡表

西漢	公　元	《家語》帝諱字出現與否／次數			《家語》避諱改字出現與否／次數			其　他
高　祖	206〜195B.C.	邦	√	共6次	國	√	共2次	另2次疑有改字情形。
惠　帝	194〜188B.C.	盈	√	共7次	滿	√	共5次	另1次疑有改字情形。

呂　后	188～180B.C.	雉	√	共 1 次	野雞	×	共 0 次	書中無「野雞」字。
文　帝	179～157B.C.	恒	√	共 4 次	常	×	共 0 次	
景　帝	157～141B.C.	啓	√	共 10 次	開	√	共 1 次	另 1 次疑有改字情形。
武　帝	140～87B.C.	徹	√	共 5 次	通	×	共 0 次	
昭　帝	87～74B.C.	弗	√	共 87 次	不	闕	闕	「弗」、「不」常同句出現。
宣　帝	73～49B.C.	詢	×	共 0 次	謀	×	共 0 次	書中無「詢」字。
元　帝	48～33B.C.	奭	×	共 0 次	盛	×	共 0 次	書中無「奭」字。
成　帝	33～7B.C.	驁	×	共 0 次	俊	×	共 0 次	書中無「驁」、「俊」字。
哀　帝	6～1B.C.	欣	√	共 3 次	喜	×	共 0 次	
平　帝	1A.D.～5.A.D.	衎	√	共 2 次	樂	×	共 0 次	
光武帝	25～57A.D.	秀	√	共 2 次	茂	×	共 0 次	
明　帝	58 ～75A.D.	莊	√	共 12 次	嚴	×	共 0 次	
章　帝	76～88A.D.	烜	×	共 0 次	著	×	共 0 次	書中無「烜」字。
和　帝	88～105A.D.	肇	×	共 0 次	始	×	共 0 次	書中無「肇」字。
殤　帝	106A.D.	隆	√	共 4 次	盛	×	共 0 次	
安　帝	107～125A.D.	祜	×	共 0 次	福	×	共 0 次	書中無「祜」字。
順　帝	126～144A.D.	保	√	共 3 次	守	×	共 0 次	
沖　帝	145A.D.	炳	×	共 0 次	明	×	共 0 次	書中無「炳」字。
質　帝	146A.D.	纘	×	共 0 次	繼	×	共 0 次	書中無「纘」字。
桓　帝	147～167A.D.	志	√	共 66 次	意	×	共 0 次	
靈　帝	168～188A.D.	宏	×	共 0 次	大	×	共 0 次	書中無「宏」字。
少　帝	189A.D.	辯	√	共 23 次	闕	闕	闕	少帝諱之代字不詳。
獻　帝	190～220A.D.	協	√	共 6 次	合	×	共 0 次	

一、高祖至武帝前之流傳情形

（一）《家語》之內容或材料具有一定程度之流傳

以上表觀之，《家語》之避諱改字情形，大致出現於高祖至景帝時期，此一現象說明《家語》之內容或材料，於此時期有一定程度之流傳。此與〈後序〉所記載之情形相同，蓋〈後序〉指出《家語》乃漢時高祖克秦所斂得，呂氏專政後取歸藏之並於伏誅後散落民間，而持有者於是以意增損，致使一

事異辭。至景帝時募求天下禮書，於是孔子之語與諸國事、七十二子辭又返回祕府中，與《曲禮》彼此錯雜。

　　〈後序〉言高祖克秦悉斂得之，皆載於二尺竹簡，則此處所蘊含之意，乃指《家語》之早期材料，於入漢之時並未透過傳鈔而藏於祕府。至於〈後序〉言呂后執政取歸藏之，伏誅之後於是散在人間，持有者各自以意增損，則此處所蘊含之意，乃指《家語》之材料已經過傳鈔。〈後序〉又言景帝時募求禮書，《家語》之材料於是又返回祕府之中，則此處亦有可能出現傳鈔之情形。因此，據〈後序〉之說法，《家語》之材料於呂后至景帝之間，乃存在傳鈔之情形。

　　再以上表觀之，眞正出現避諱改字之情形，以高祖、惠帝、景帝三帝爲主。《家語》之所以於高祖、惠帝名諱出現避諱改字情形，參照〈後序〉即可明白，蓋〈後序〉指出《家語》之材料既於呂氏伏誅後散在人間，因此於傳鈔之時，對於高祖、景帝亦當有所避諱，而呂氏當時既已伏誅，已不需特意避諱改字。至於景帝時，由於募求天下禮書，故於傳鈔之際可能出現避諱之情形。

（二）武帝之前《家語》之材料應以章或篇爲單位而流傳

　　不論是戰國時楚簡之《民之父母》，亦或阜陽漢簡與定縣漢簡之《儒者者言》，其與《家語》之差異處，在於《民之父母》以篇爲單位，而《儒家者言》則以章爲單位，而《家語》則并章爲篇，或并兩篇爲一篇，此種情形亦可藉由避諱改字之情形加以說明。

　　以下先將《家語》各篇中帝諱字與避諱改字情形，繪製成下表。「●」代表《家語》該篇中出現帝諱字，「★」代表該篇出現帝諱改字情形，「×」代表《家語》書中並未出現此帝諱字，則其結果如下表：

【3-40】《家語》各篇所見西漢諸帝名諱及其避諱改字表

篇名　　　　帝諱／改字	邦國	盈滿	雉野雞	恆常	啟開	徹通	弗不	詢謀	奭盛	驁俊	欣喜	衎樂
1〈相魯〉			●				●	×	×	×		
			×									
2〈始誅〉								×	×	×		
			×									
3〈王言解〉		●						×	×	×		
	★		×									

	1	2	3	4	5	6	7	8	9	10
4〈大婚解〉						●	×	×	×	
			×							
5〈儒行解〉						●	×	×	×	
			×							
6〈問禮〉							×	×	×	
			×							
7〈五儀解〉					●	●	×	×	×	
			×							
8〈致思〉						●	×	×	×	
			×							
9〈三恕〉		●					×	×	×	
	★	★	×							
10〈好生〉					●	●	×	×	×	
			×							
11〈觀周〉						●	×	×	×	
			×							
12〈弟子行〉		●		●			×	×	×	
			×							
13〈賢君〉							×	×	×	
			×							
14〈辯政〉							×	×	×	
			×							
15〈六本〉		●		●		●	×	×	×	●
			×							
16〈辯物〉					●		×	×	×	
			×							
17〈哀公問政〉	●					●	×	×	×	
			×							
18〈顏回〉						●	×	×	×	
			×							
19〈子路初見〉						●	×	×	×	
			×							
20〈在厄〉				●		●	×	×	×	●
			×							

21 〈入官〉								×	×	×		
			×									
22 〈困誓〉	●						●	×	×	×	●	
			×									
23 〈五帝德〉							●	×	×	×		
			×									
24 〈五帝〉								×	×	×		
			×									
25 〈執轡〉								×	×	×		
		★	×									
26 〈本命解〉								×	×	×		
			×									
27 〈論禮〉	●					●		×	×	×		
			×									
28 〈觀鄉射〉							●	×	×	×		
			×									
29 〈郊問〉					●		●	×	×	×		
			×									
30 〈五刑解〉								×	×	×		
			×									
31 〈刑政〉							●	×	×	×		
			×									
32 〈禮運〉		●					●	×	×	×		
			×									
33 〈冠頌〉								×	×	×		
			×									
34 〈廟制〉							●	×	×	×		
			×									
35 〈辯樂解〉							●	×	×	×		
			×									
36 〈問玉〉								×	×	×		
			×									
37 〈屈節解〉							●	×	×	×		
			×									

篇目									
38〈七十二弟子解〉	●		●		●	×	×	×	●
		×		★					
39〈本姓解〉				●	●	×	×	×	
		×							
40〈終記解〉						×	×	×	
		×							
41〈正論解〉	●		●	●		●	×	×	×
		×							
42〈曲禮子貢問〉				●		●	×	×	×
★		×							
43〈曲禮子夏問〉	●				●	●	×	×	×	●
★		×							
44〈曲禮公西赤問〉					●		×	×	×
		×							

　　以上表觀之，同樣之帝諱字於同篇之中，有避諱亦有不避諱之情形，如「邦」字於〈曲禮子夏問〉中即是，又如「盈」字於〈三恕〉亦有避諱與不避諱之情形。此種現象，應當說明《家語》之材料，於未集結成書時，應當是以章或篇爲單位，各章、各篇所歷經之傳鈔過程不一，因此避諱情形亦有不同，而編纂《家語》者則匯聚而成，亦未全部統一加以改成避諱字，亦未全部統一改回本字。

二、武帝以後《家語》流傳未廣並存在家傳之可能

　　若以「【3-39】《家語》所見漢帝名諱及其避諱改字簡表」觀之，《家語》於武帝以後之避諱改字情形，幾已不再出現。此一現象應當已說明《家語》於武帝之後流傳未廣。再者，〈後序〉言「又撰《孔子家語》，既畢，會值巫蠱事起，遂各廢不行于時」，又言「光祿大夫向以爲其時所未施之」，皆無意之中透露出《家語》一書於編成之後，未廣爲流傳時，主事者皆已病亡。然此處既言「奏上」，則宮中應當已有此書，雖「劉向病亡，遂不果立」，但〈漢志〉已著錄《家語》一書，則應爲劉歆踵其父之業時，將《家語》著錄，故〈漢志〉亦有著錄《家語》一書。

　　此書雖得著錄於〈漢志〉之中，但並未列於學官，故劉向、劉歆之時本

已流傳不廣。再據其避諱改字情形觀之，武帝以後至東漢結束，《家語》之避諱改字情形，已不再出現。《家語》各篇於西漢諸帝名諱出現及避諱改字情形，既已見於上表，今依此式加以整理東漢諸帝如下：

【3-41】《家語》各篇所見東漢諸帝名諱及其避諱改字表

篇名　帝諱／改字	秀茂	莊嚴	炟著	肇始	隆盛	祜福	保守	炳明	續繼	志意	宏大	辯	協合
1〈相魯〉		×	×		×		×	×			×		
												×	
2〈始誅〉		×	×		×		×	×			×	●	
												×	
3〈王言解〉		×	×		×		×	×			×		
												×	
4〈大婚解〉		×	×		×		×	×		●	×		
												×	
5〈儒行解〉		×	×		×		×	×		●	×	●	
												×	
6〈問禮〉		×	×		×		×	×		●	×		
												×	
7〈五儀解〉		×	×		×		×	×		●	×		●
												×	
8〈致思〉		×	×		×		×	×		●	×	●	
												×	
9〈三恕〉		×	×		×	●	×	×		●	×	●	
												×	
10〈好生〉		●	×	×	×		×	×		●	×	●	
												×	
11〈觀周〉		×	×		×		×	×		●			
												×	
12〈弟子行〉		●	×	×	×		×	×		●	×		
												×	
13〈賢君〉		×	×		×		×	×		●	×		
												×	

14〈辯政〉			×	×		×		×	×		×	●
												×
15〈六本〉		●	×	×		×		×	×	●	×	
												×
16〈辯物〉			×	×		×		×	×		×	●
												×
17〈哀公問政〉			×	×		×		×	×		×	
												×
18〈顏回〉			×	×		×		×	×		×	●
												×
19〈子路初見〉			×	×		×		×	×	●	×	●
												×
20〈在厄〉			×	×		×		×	×	●	×	
												×
21〈入官〉			×	×		×		×	×	●	×	
												×
22〈困誓〉			×	×	●	×		×	×	●	×	
												×
23〈五帝德〉		●	×	×		×		×	×		×	●
												×
24〈五帝〉			×	×		×		×	×		×	
												×
25〈執轡〉			×	×		×		×	×	●	×	
												×
26〈本命解〉			×	×		×		×	×		×	
												×
27〈論禮〉			×	×		×		×	×	●	×	●
												×
28〈觀鄉射〉			×	×	●	×		×	×		×	●
												×
29〈郊問〉			×	×		×		×	×		×	
												×
30〈五刑解〉			×	×		×		×	×		×	
												×

31〈刑政〉			×	×		×		×	×		×	●	
												×	
32〈禮運〉	●		×	×		×		×	×		×		●
												×	
33〈冠頌〉			×	×		×		×	×	●	×		
												×	
34〈廟制〉			×	×		×		×	×		×		
												×	
35〈辯樂解〉			×	×		×	●	×		●	×	●	
												×	
36〈問玉〉		●	×	×		×		×	×	●	×	●	●
												×	
37〈屈節解〉			×	×		×		×	×	●	×	●	
												×	
38〈七十二弟子解〉	●		×	×		×		×	×	●	×	●	
												×	
39〈本姓解〉			×	×		×		×		●	×		
												×	
40〈終記解〉			×	×		×		×		●	×		
												×	
41〈正論解〉		●	×	×	●	×		×	×	●	×		
												×	
42〈曲禮子貢問〉			×	×		×	●	×			×		
												×	
43〈曲禮子夏問〉			×	×		×		×			×		
												×	
44〈曲禮公西赤問〉		●	×	×		×		×	×		×		
												×	

　　由此「【3-40】《家語》各篇所見西漢諸帝名諱及其避諱改字表」、「【3-41】《家語》各篇所見東漢諸帝名諱及其避諱改字表」兩表合觀，自武帝以後，《家語》各篇之避諱改字情形已難見及。再者，就《家語》所出現之帝諱字，一篇之中往往兼有數帝名諱此一現象而言，意味武帝後《家語》之流傳並未廣

泛，因流傳未廣則其輾轉傳鈔次數極少，故於武帝後之各帝名諱，皆保留原字不再改字。

綜合上述相關資料觀之，《家語》之材料於高祖至景帝時期，當有一定程度之流傳，而其流傳方式，應當以章或篇爲單位，至武帝時方加以聚集並編撰成書，而武帝之後，其主要流傳途徑應有二種方式：

其一，以家傳爲流傳方式，故王肅方能於孔猛處，得此先人之書。

其二，入於朝廷祕府之中，然並未列於學官，故此本應當未流傳於民間。據〈後序〉言孔安國「又撰《孔子家語》，既畢，會值巫蠱事起，遂各廢不行于時」，且孔衍又言「臣之愚以爲宜如此爲例，皆記錄別見，故敢冒昧以聞。奏上。天子許之，未即論定，而遇帝崩，向又病亡，遂不果立」，則孔安國之時應當已獻《家語》一書於朝廷，然值巫蠱之事，因而未能推行此書，故孔衍之時又重新上奏，企使《家語》一書能列於學官，然主事者皆已病亡，並未施行。因此，朝廷祕府之中當有孔安國所獻上之書，或於孔衍之時又重新獻上一本，於是《別錄》、《七略》及〈漢志〉方有此書之著錄。然此本之流傳情形實未明朗，未知是否亡於王莽之亂，亦或仍存於東漢之祕府中，然此書既已著錄於《別錄》、《七略》、〈漢志〉之中，則亦可將《家語》與〈漢志〉之經學史觀點，加以比較，觀察兩者間之經學史觀，是否有相似之處。

第七節　《家語》與《漢書・藝文志》之經學史觀

〈漢志〉之經學史觀，主要存於總序、小序中，其次則隱藏於著錄次序之中。若就其總序與小序所揭示之經學史知識，加以對照於《家語》，則兩者之間仍有相似之處。

然就〈漢志〉總序、小序之作者而言，學者大致認同乃班固將劉歆《七略》之〈輯略〉，拆散附於〈漢志〉各類中，但亦有可能《七略》本身即有總序、小序，班固〈漢志〉之總序、小序，只是如實呈現《七略》原本總序、小序之順序，並未將〈輯略〉拆散。〔註 40〕然無論如何，此處雖以〈漢志〉之總序、小序，探討其與《家語》之經學史觀，並非刻意忽視《七略》，而是於探討〈漢志〉與《家語》之經學史觀時，即代表劉歆《七略》之經學史觀與《家語》之關係，惟劉歆之《七略》已散佚，基於文獻考量，此處仍以〈漢

〔註 40〕參見劉兆祐：《中國目錄學》（臺北：五南出版社，2002 年），頁 141。

志〉爲觀照主題。

一、微言大義乖絕之經學史觀

「微言大義」一詞於經學史上極爲重要，凡經師往往研擬出種種條例，以詮釋及尋求經書宗旨，即皆預設經書之中含有微言大義，故「微言大義」一詞，影響經師甚深。然此「微言大義」一詞，即出自〈漢志〉總序，其文如下：

> 昔仲尼沒而微言絕，七十子喪而大義乖。故春秋分爲五，詩分爲四，易有數家之傳。戰國從衡，眞僞分爭，諸子之言紛然殽亂。至秦患之，乃燔滅文章，以愚黔首。漢興，改秦之敗，大收篇籍，廣開獻書之路。迄孝武世，書缺簡脫，禮壞樂崩，聖上喟然而稱曰：「朕甚閔焉！」於是建藏書之策，置寫書之官，下及諸子傳說，皆充祕府。至成帝時，以書頗散亡，使謁者陳農求遺書於天下。詔光祿大夫劉向校經傳諸子詩賦，步兵校尉任宏校兵書，太史令尹咸校數術，侍醫李柱國校方技。每一書已，向輒條其篇目，撮其指意，錄而奏之。會向卒，哀帝復使向子侍中奉車都尉歆卒父業。歆於是總羣書而奏其七略，故有輯略，有六藝略，有諸子略，有詩賦略，有兵書略，有術數略，有方技略。今刪其要，以備篇籍。〔註41〕

就此段總序而言，首言孔子及其七十弟子喪沒之後，其微言大義隨而乖絕，因此《春秋》、《詩》、《易》皆有數家之傳。其後，時序進入戰國，諸子又各自據以論說，以致紛然殽亂，眞僞分爭，故秦有焚書之舉。入漢以後，改秦之敗並募集天下之書，故武帝時有建藏書之策及寫書之官，而成帝時有求遺書於天下之舉等復興文化事業之措施。文末，則言成帝使劉向等人整理圖書事業之細節，其中包含各類書籍之校理者，及劉歆總羣書爲《七略》等事。

此處總序於首句即提及「昔仲尼沒而微言絕，七十子喪而大義乖」，正意味〈漢志〉具有極強烈之宗經、徵聖立場，此一立場全以孔子及其七十子爲標的，而此一標的之喪沒，道術因此而裂爲數家。然觀此數家之傳，〈漢志〉亦不以「分爭」、「殽亂」稱之，則孔子之微言雖絕、七十子之大義既乖，數家仍依經而傳，故〈漢志〉未明言其非。至戰國之時，諸子因應縱橫之所需，各以其言論說，故有「分爭」、「殽亂」，此處以「分爭」、「殽亂」稱之，推敲

〔註41〕 〔漢〕班固著、〔唐〕顏師古注：《漢書・藝文志》，卷30，頁1701。

其文意當為〈漢志〉指諸子離經叛道而立說，故有「分爭」、「殽亂」之評。

〈漢志〉所謂「昔仲尼沒而微言絕，七十子喪而大義乖」二句，於《漢書‧楚元王傳》亦有記載，其文如下：

> 哀帝令歆與五經博士講論其義，諸博士或不肯置對，歆因移書太常博士，責讓之曰：昔唐虞既衰，而三代迭興，聖帝明王，累起相襲，其道甚著。周室既微而禮樂不正，道之難全也如此。是故孔子憂道之不行，歷國應聘。自衛反魯，然後樂正，雅頌乃得其所；修《易》，序《書》，制作《春秋》，以紀帝王之道。及夫子沒而微言絕，七十子終而大義乖。重遭戰國，棄籩豆之禮，理軍旅之陳，孔氏之道抑，而孫吳之術興。陵夷至于暴秦，燔經書，殺儒士，設挾書之法，行是古之罪，道術由是遂滅。漢興，去聖帝明王遐遠，仲尼之道又絕，法度無所因襲。〔註42〕

就此段觀之，劉歆首言周氏衰微而禮樂不正，而孔子憂王道之不行，於是周遊列國企圖恢復周禮，然列國不行其說，終而自衛反魯退而正樂，使雅頌各得其所，並修《易》、序《書》、制作《春秋》，以彰顯帝王之道。次言夫子與七十二子喪沒之後，微言大義已然乖絕。續言時序進入戰國，諸侯皆棄禮樂而不修，大行孫吳之術，而後強秦焚書坑儒，道術因而滅絕。

就劉歆此段之文觀之，實與〈漢志〉有數處相近者：其一，劉歆提及孔子正《詩》、修《易》、序《書》、制作《春秋》，欲用以彰顯王道，惟仲尼與七十二弟子喪沒之後，微言大義已然乖絕，而〈漢志〉則先言仲尼與七十二弟子喪沒之後，微言大義已然乖絕，故《春秋》、《詩》、《易》有數家之傳，兩說可謂互為表裡。

其二，劉歆又言時序進入戰國，諸侯棄禮樂而興孫吳之術，因而孔氏之道不行，而〈漢志〉則言時序進入戰國，諸子因應縱橫所需，各騁其詞，因而各家「分爭」相互「殽亂」。觀劉歆之說，以孔氏之道即微言大義與孫吳之術對舉，而〈漢志〉則以微言大義與諸子之言相對，兩者有所差異，然〈漢志〉所謂諸子之言亦可包含孫吳之術，涵蓋層面較廣。

其三，劉歆此處又提及暴秦焚書坑儒，致使經術滅絕，漢興以後既去聖久遠，而仲尼之道又絕，實無法度可依循，〈漢志〉則言暴秦燔滅文章，以愚黔首，而漢興則改秦之敗，兩說大旨相同。

〔註42〕同前註，〈楚元王傳〉，卷36，頁1967～1968。

上述三點，即劉歆之主張與〈漢志〉總序所言相近者，而此說背後所透顯之經學史觀，即爲強烈之宗經、徵聖，又限於孔子與其七十二弟子所傳之微言大義。而此種宗經與徵聖之立場，又與《家語·後序》有所關連。〈後序〉以爲「孔子既没而微言絶，七十二弟子終而大義乖。六國之世，儒道分散，遊說之士，各以巧意而爲枝葉，唯孟軻、孫卿守其所習。當秦昭王時，孫卿入秦，昭王從之問儒術。孫卿以孔子之語、及諸國事、七十二弟子之言，凡百餘篇與之，由此，秦悉有焉。始皇之世，李斯焚書，而《孔子家語》與諸子同列，故不見滅。」

此段即以「孔子既没而微言絶，七十二弟子終而大義乖」起首，與劉歆、〈漢志〉之宗經、徵聖強烈立場相同，惟〈後序〉並未提及孔子與其他經典之關係，而劉歆與〈漢志〉皆有提及。其次，〈後序〉又言時序入戰國後，不僅儒道分散，且遊說之士各以巧意爲枝葉，此亦與〈漢志〉所謂諸子因應戰國時代縱橫之所需，而各以言語互相分爭、殽亂之立意相同，「遊說」即可對應於「縱橫」，「各以巧意而爲枝葉」即可對應「分爭」、「殽亂」。

復次，〈後序〉言李斯諫秦焚書，亦與劉歆、〈漢志〉續言暴秦焚書坑儒相同。惟此三者之差異處，乃〈後序〉於暴秦焚書之後，所欲言者乃《家語》之材料避過秦火，故微言大義尚有一絲氣息可傳，而劉歆與〈漢志〉於暴秦之後，前者轉言漢興之時，遂無仲尼之法度可循，而後者則轉言漢興之後種種振興文化之措舉。

要之，〈後序〉中所展現出強烈宗經、徵聖之經學立場，以及感慨孔子之微言與其七十二弟子之大義，於後世已然乖絶之經學史觀，與劉歆、〈漢志〉大旨相同。

二、《論語》爲孔子弟子纂成之經學史觀

關於《論語》成書之過程，可以下列三種方向考察之：其一，編纂者及其編纂時間等相關問題。其二，編纂時之材料性質、材料來源、材料取捨等相關問題。其三，書題命名之因或命名於何時等相關問題。

以〈漢志〉之記載而言，其於《論語》成書之觀點見於「論語類」小序，其文如下：

《論語》者，孔子應答弟子時人及弟子相與言而接聞於夫子之語也。

當時弟子各有所記。夫子既卒，門人相與輯而論纂，故謂之《論語》。

〔註43〕

〈漢志〉此段敘述，於上述三點之考察方向，皆有所涉及。就編纂者與編纂時間等相關問題而言，〈漢志〉以爲《論語》之編纂者與編纂時間，乃於孔子卒後，當時門人皆出其各自所記者，並相與輯纂而成，故其編纂者爲孔子門人，編纂時間應當爲孔子卒後。

就其材料等相關問題而言，〈漢志〉以爲《論語》之材料主要包含「孔子應答弟子時人」及「弟子相與言而接聞於夫子之語」兩大類，亦即當時編纂之主要取材原則，即以此兩類爲主，而其材料來源即所謂「弟子各有所記」，而此「弟子各有所記」相關材料之取捨過程，又經過「門人相與輯而論篹」，故某種程度而言，《論語》一書具有明確之編纂理念與取捨過程。

就書題而言，〈漢志〉以爲「門人相與輯而論篹，故謂之《論語》」，此處乃就其性質而言其命名之由。然此處仍需釐清者，乃「故謂之《論語》」一句當有兩種解讀方向，其一，以編纂之初即已命名，故《論語》書名先秦時即已出現。其二，《論語》書名於〈漢志〉之前即已存在，然並非於編纂時即已出現書名，故〈漢志〉於此乃詮釋《論語》之命名原因，非言此書於先秦時即已命名爲《論語》。以現存之文獻觀之，《論語》書名未見於先秦典籍，至西漢時方有相關文獻稱及《論語》，故此處極有可能爲〈漢志〉詮釋《論語》書名命名之由。

〈漢志〉小序對於《論語》成書過程之敘述，實際上與〈後序〉亦有關連之處。〈後序〉言「《孔子家語》者，皆當時公卿士大夫，及七十二弟子之所諮訪交相對問言語者，既而諸弟子各自記其所問焉，與《論語》、《孝經》竝，時弟子取其正實而切事者，別出爲《論語》，其餘則都集錄，名之曰《孔子家語》。凡所論辨流判較歸，實自夫子本旨也。」

此處先以上述三點考察方向，觀察〈後序〉對於《論語》成書之觀點。就編纂者與編纂時間而言，〈後序〉以爲編纂者之身份即「時弟子」（七十二弟子），此與〈漢志〉所謂「門人」之說相同。至於編纂時間，〈後序〉並未明言。

就其材料等相關問題而言，〈後序〉以爲《論語》之材料包含「當時公卿士大夫，及七十二弟子之所諮訪交相對問言語者」，觀此二句之之敘述，雖未言及孔子，然其所欲表達者，乃指「公卿士大夫」及「七十二弟子」與

〔註43〕〔漢〕班固著、〔唐〕顏師古注：《漢書‧藝文志》，卷30，頁1717。

孔子「所諮訪交相對問言語者」，觀其後又言「實自夫子本旨也」，即可據此作如是之判斷。換言之，〈後序〉以爲《論語》之材料內容，主要包含「孔子與公卿士大夫」及「孔子與七十二弟子」間之相互問答之語，而其材料來源即「既而諸弟子各自記其所問焉」，而其取捨過程，又以「正實而切事者」爲主。

就書題等相關問題而言，〈後序〉此處提及「孔子家語」、「論語」、「孝經」書名，若就命名時間一點觀之，〈後序〉既然以後起之《孔子家語》書名，追敘前事，故此處《論語》、《孝經》之書題，亦可能有相同之情況，未能代表《論語》書題即起於七十二弟子。至於《論語》命名之由，〈後序〉亦未提及。以〈後序〉上述數點與〈漢志〉之說相核，亦有若干程度之關連。

就編纂者與編纂時間等相關問題而言，〈漢志〉以爲《論語》之編纂者爲孔子門人，編纂時間應當爲孔子卒後，〈後序〉亦主張爲孔子門人，此爲兩者相同者，惟〈後序〉未明言編纂時間爲孔子卒後，此其差異者。

就以《論語》之材料相關問題而言，〈漢志〉以爲《論語》之內容包含「孔子應答弟子時人」及「弟子相與言而接聞於夫子之語」兩大類，而〈後序〉則認爲其材料乃「公卿士大夫」及「七十二弟子」與孔子「所諮訪交相對問言語者」。至於《論語》之材料來源，〈漢志〉與〈後序〉看法相同，皆以爲弟子各自有所紀錄，爲《論語》主要材料來源。

就書題等相關問題而言，〈漢志〉乃就其性質而言其命名之由，至於〈後序〉則未針對《論語》書名解題，惟言其性質乃「正實而切事」，此其差異者。

由上述觀之，〈漢志〉與〈後序〉於《論語》成書過程之相關看法，實有相似之處。

三、《孝經》爲孔子所作之經學史觀

《孝經》書題見於《呂氏春秋》，《史記》中亦已多次徵引，故其書題先秦已然出現無疑，然其作者之說法則不一致。西漢司馬遷於《史記·仲尼弟子列傳》言《孝經》爲曾子所作：

> 曾參，南武城人，字子輿。少孔子四十六歲。孔子以爲能通孝道，故授之業。作《孝經》。〔註44〕

〔註44〕〔漢〕司馬遷著、〔宋〕裴駰集解、〔唐〕司馬貞索隱、〔唐〕張守節正義：《史記》，卷67，頁2205。

然此說至〈漢志〉則轉爲孔子所作：

> 《孝經》者，孔子爲曾子陳孝道也。〔註45〕

若以同爲班固所記之《白虎通》觀之，其於《孝經》之作者，卻記爲孔子所作：

> 已作《春秋》，復作《孝經》何？欲專制正。〔註46〕

《春秋》爲孔子所作，漢儒皆無疑義，故此「復作《孝經》」亦當指孔子無疑。由此可知，司馬遷之說至東漢之時仍有學者依之，故《白虎通》存有此條紀錄。然值得一問者，何以《孝經》之作者，會由司馬遷所謂之孔子，於〈漢志〉之中轉爲曾參？此中關鍵應與〈漢志〉獲得新材料有關，故〈漢志〉不接受司馬遷之說，而此一關鍵點應與《家語》有關。據《家語‧七十二弟子解》記載：

> 曾參，南武城人，字子輿，少孔子四十六歲。志存孝道，故孔子因之以作《孝經》。齊嘗聘，欲以爲卿而不就，曰：「吾父母老，食人之祿，則憂人之事，故吾不忍遠親而爲人役。」參後母遇之無恩，而供養不衰，及其妻以藜烝不熟，因出之。人曰：「非七出也。」答曰：「藜烝小物耳，吾欲使熟而不用吾命，況大事乎？」遂出之，終身不娶妻。其子元請焉，告其子曰：「高宗以後妻殺孝己，尹吉甫以後妻放伯奇，吾上不及高宗，中不比吉甫，庸知其得免於非乎。」
>
> 〔註47〕

《家語》記載曾參志存孝道，故孔子因之以作《孝經》，此後又列舉曾參志存孝道之表現，如不願就齊之聘而遠父母之親，又如因藜烝不熟而出妻等例即是。就其出妻一事而言，其所出妻之因既不在七出之內，而藜烝不熟又爲小事，故人皆有疑。然曾子所考量者，並非藜烝不熟屬不屬於七出之內，乃小事既然已可違背曾參之意，則其大事亦將有違背之虞，而此大事雖未明言，但依此處之語言脈絡觀之，因與侍奉父母有關，蓋曾參肯爲父母放棄出仕機會，則其肯爲父母出妻亦未嘗不可。

由此觀之，司馬遷於〈仲尼弟子列傳〉中言《孝經》爲孔子所作，而同

〔註45〕 〔漢〕班固著、〔唐〕顏師古注：《漢書‧藝文志》，卷30，頁1719。

〔註46〕 〔清〕陳立（1809～1869）著，吳則虞點校：《白虎通疏證》（北京：中華書局，1994），頁446。

〔註47〕 〔魏〕王肅注：《孔子家語‧七十二弟子解》，卷9，頁3～4。

爲班固所記載之《白虎通》亦記載相同之說法，故班固絕無理由不知《孝經》爲孔子所作此一說法，理當知其所異。若〈漢志〉承劉歆《七略》而來，則此說應於劉歆之時即已存在，劉向、劉歆既能校中祕書，則應當有機會可觀睹《史記・仲尼弟子列傳》，而於《孝經》作者之說不依司馬遷，則《七略》、〈漢志〉之說理當有本，絕非杜撰。其關鍵點應與《家語》一書有關，蓋上述〈後序〉已提及此書奏上於漢成帝之時並欲使成家，惟成帝與劉向相繼病亡，其事遂不果。然此《家語》既已奏上，則祕中定有一本，而〈漢志〉既已著錄，則《七略》之中亦當有之，因此〈漢志〉以《孝經》爲曾參所作之說法，應當有所本，而其說應本於《家語》。

由以上三點觀之，是〈漢志〉之經學史觀，明顯與《家語》相同者，〈漢志〉本於《七略》，《七略》爲劉歆所總成，而〈後序〉言孔衍奏上後會成帝崩而劉向病亡，遂不立於學官。然劉歆總父之業，對於此書應當有所接觸，即便《別錄》未著錄《家語》一書，而劉歆於《七略》中當有著錄，否則〈漢志〉未能憑空著錄，因此劉歆與《家語》一書有所接觸，當有其可能性存在。惟此書入祕府之後，究竟流傳情形如何，已未能知曉。